W0304197

FIT FÜR DIE SCHULE

Das musst du wissen!

Deutsch 4. Klasse

von Kirstin Gramowski
Illustrationen von Guido Wandrey

TESSLOFF

Vorwort

Liebe/r ______________________,

du möchtest alles wissen, was in der 4. Klasse in Deutsch wichtig ist? Dann ist dieses Heft genau das Richtige für dich!

Du findest hier Aufgaben zu allen Lernbereichen:

- **Richtig schreiben**
- **Sprache untersuchen**
- **Lesen**
- **Texte verfassen**

Wiederhole noch einmal alle wichtigen Inhalte des Schuljahres und überprüfe, was du sicher kannst.

So arbeitest du mit diesem Heft:

→ Alle neuen Lerninhalte werden in den blauen **Lernkästen** erklärt und mit **Beispielen** verdeutlicht.

→ Mit den **Übungsaufgaben** kannst du im Anschluss prüfen, ob du alles verstanden hast.

→ Hast du alles richtig? Sieh einfach selbst in den **Lösungen** nach.

→ Für jede bearbeitete Seite kannst du im **Ausmalbild** auf der letzten Heftseite ein Feld ausmalen.

→ Du möchtest noch einmal etwas nachschauen? Wichtige **Fachbegriffe** und **Erklärungen** findest du auf der Ausklappseite. **Deutsch kompakt** auf einen Blick!

Jetzt weißt du alles, was du in der 4. Klasse in Deutsch wissen musst!

Viel Spaß und Erfolg!

Inhaltsverzeichnis

Wörter mit s und ß

→ Das **ß** klingt immer scharf und stimmlos.
Das **s** wird meist weich und stimmhaft gesprochen.

Am Ende eines Wortes oder einer Silbe klingt der (s)-Laut allerdings immer scharf. Hier ist der Unterschied zwischen **ß** und **s** nicht zu hören. Verlängere das Wort, sodass der (s)-Laut in der Wortmitte steht. Dann hörst du, wie der (s)-Laut geschrieben wird.

lie**s**t – le**s**en   die Lau**s** – die Läu**s**e   gro**ß** – grö**ß**er

1

Bilde zunächst eine Wortverlängerung, um zu hören, ob der (s)-Laut scharf oder weich gesprochen wird. Schreibe dann die Wörter mit **s** oder **ß** auf.

s oder **ß**?	deine Wortverlängerung
der Spa ß	die Späße
er bei___t	
er gie___t	
das Flo___	
die Gan___	
das Hau___	
der Fu___	
das Gla___	
der Strau___	
das Gra___	
sü___	
hei___	
der Hal___	
der Gru___	

Der ks-Laut

→ Für den (ks)-Laut gibt es verschiedene Schreibweisen: **x**, **ks**, **chs**, **gs** und **cks**. Er hört sich immer gleich an. Deshalb musst du dir die Schreibweise der Wörter gut einprägen.

die A**x**t der Ke**ks** der O**chs**e mitta**gs** du pa**cks**t

1

Suche alle Wörter mit dem Buchstaben **x** und unterstreiche jedes **x** orange.

links Lexikon Fuchs Experte Hexe Boxer
Klecks fix Luchs unterwegs Dachs
Praxis Wachs Mixer Büchse Achse
Knacks sechs Eidechse links schlaksig wechseln
klecksen wachsen Text Taxi mittags links

2

Löse das Rätsel. Alle Lösungswörter findest du in Aufgabe 1.

1									
2									
3									
4									

1 auf dem Weg sein
2 eine Märchenfigur
3 ein Buch zum Nachschlagen
4 eine Tageszeit

3

Gehe nun zurück zu Aufgabe 1 und suche alle Wörter mit **chs**. Unterstreiche jedes **chs** mit einem blauen Stift. Schreibe dann alle Wörter, die du gefunden hast, auf.

Wörter mit **chs**: ______________________________

____

____

Wörter mit V/v

→ Das V/v kann wie (f) oder wie (w) klingen. In vielen Fremdwörtern wird das V/v als (w) gesprochen.

(f) der **V**ogel (w) das **V**erb

1 (f) oder (w)? Sprich die folgenden Wörter laut und ordne sie.

Verstand Vanille Verein Vulkan Verkehr Vitamine Versuch
Vater Video verkleiden viel Villa Vase Vampir
Vollmond vierzig vorsichtig Klavier November
privat Advent vielleicht verletzen Lava Vogel

(f) 

(w) 

Fremdwörter

→ Viele Wörter haben wir aus anderen Sprachen übernommen. Sie sind schwierig zu schreiben, weil sie anders gesprochen als geschrieben werden.

1 Ergänze die passenden Fremdwörter im Text.

Handy Chaos Detektiv Jeans Skateboard
Mountainbike ~~Baby~~ Chance Theater Hobby Turnier

Als ich ein __Baby__ (Neugeborenes) war, habe ich meine Eltern ganz schön auf Trab gehalten.

Meine ________ (Hose aus Baumwolle) hat ein großes Loch am Knie.

In Toms Zimmer herrscht großes ________ (Durcheinander).

Anne freut sich, dass sie mit ihrer Ballettgruppe das Stück im ________ (Schauspielhaus) ihrer Stadt aufführen wird.

Peter ergreift die ________ (Gelegenheit) und versenkt den Elfmeter.

„Ich bin auf einer heißen Spur", flüstert der ________ (Ermittler) geheimnisvoll.

Morgen findet ein ________ (Wettkampf) in der Sporthalle statt.

Marius wünscht sich ein ________ (Mobiltelefon) mit vielen Funktionen.

Gestern war Simon mit seinem ________ (Rollbrett) in der Skateranlage.

Simons ________ (Lieblingsbeschäftigung) ist das Skateboardfahren.

Nächstes Wochenende fährt mein Papa mit mir in die Alpen und dann machen wir einen Ausflug mit dem ________ (Geländefahrrad).

Aus Verben werden Nomen

→ **Verben** (Tunwörter), die als **Nomen** (Namenwörter) gebraucht werden, schreibst du groß. Wenn du ein Verb als Nomen verwendest, steht die Grundform des Verbs mit einem Artikel (Begleiter).

Maja macht **das K**lettern Spaß.

Manchmal ist der **Artikel** auch **versteckt**: **beim** = bei dem, **im** = in dem, **fürs** = für das, **vom** = von dem, **zum** = zu dem.

Jan trägt **beim K**lettern einen Helm.

1 Ergänze im Text die folgenden Wörter. Achte dabei auf die Großschreibung.

erreichen ~~klettern~~ sichern tragen erklimmen
überprüfen anlegen abseilen schmerzen

Sicher beim Klettern!

Zum Klettern brauchst du eine gute Ausrüstung.

Beim ______________ des Klettergurts musst du genau aufpassen. Der Gurt muss richtig sitzen.

Das ______________ eines Helmes ist wichtig.

Beim ______________ des Ziels gibst du deinem Partner ein Zeichen.

Beim ______________ solltest du dich mit den Füßen am Felsen abstoßen.

Ein leichtes ______________ in den Zehen ist normal, da die Schuhe sehr eng sitzen müssen.

Zum ______________ verwendet man ein Sicherungsgerät.

Das ______________ aller Knoten und Haken vor jeder Runde ist Pflicht!

Und nun: Viel Spaß beim ______________ des Gipfels!

Aus Adjektiven werden Nomen

→ **Adjektive** (Wiewörter), die als **Nomen** (Namenwörter) gebraucht werden, schreibst du groß. Vor diesen Adjektiven steht oft ein Artikel (Begleiter).

Jan ist **der S**tärkste in der Klasse.

Doch auch nach unbestimmten Mengenangaben wie **etwas**, **viel**, **wenig**, **nichts**, **manches** oder **alles** werden Adjektive großgeschrieben.

Jan isst **viel G**esundes.

1 Trage die fehlenden Adjektive in der richtigen Form ein. Achte dabei auf die Großschreibung.

In den Nachrichten kommt immer etwas Neues (neu).

Jule isst nichts ____________ (süß).

Olli mag alles ____________ (spannend).

Sepp möchte heute etwas ____________ (schön) unternehmen.

Andi ist der ____________ (schnell).

2 Wandle die Sätze so um, dass die Adjektive zu Nomen werden.

Wer verletzt ist, kommt ins Krankenhaus.

Wer gesund ist, braucht keinen Arzt.

Wer großzügig ist, teilt gerne.

Wer ehrlich ist, sagt die Wahrheit.

Der Verletzte kommt ins Krankenhaus.

Der ____________

Der ____________

Der ____________

Zeitangaben

→ **Zeitangaben** im Satz sagen dir, **wann** etwas getan wird oder wann etwas geschieht. Zeitangaben können mit **Nomen** (Namenwörter) bezeichnet werden. Sie werden großgeschrieben.

der Mittag **am A**bend **der S**amstag

Du kannst für die Angabe von Tageszeiten und Wochentagen auch **Umstandswörter** verwenden. Umstandswörter werden kleingeschrieben.

mittags **a**bends **s**amstags

1

Ergänze die Sätze mit den passenden Angaben aus dem Wochenplan.

	Sascha	Leila	Marie	Mama	Papa
Montag	Klavier-unterricht				
Dienstag		Fußball-training			
Mittwoch				Französisch-unterricht	
Donnerstag					Stammtisch
Freitag			Ballett-unterricht		
Samstag					
Sonntag	Alle: Ausflug				

Leila hat am ______________________________.

Mama hat ______________________________.

Papa geht ______________________________.

Marie tanzt am ______________________________.

Die ganze Familie macht am ______________________________.

Regeln zur Worttrennung

→ Längere Wörter passen manchmal nicht mehr in eine Zeile. Wenn der Platz beim Schreiben am Ende der Zeile nicht für das ganze Wort ausreicht, kannst du es trennen.

Zusammengesetzte Wörter oder **Wörter mit Vorsilben** werden nach ihren Bestandteilen getrennt.

Baum-haus   Ver-bot

Steht ein **einzelner Konsonant** (Mitlaut) zwischen zwei Vokalen (Selbstlaute), so trennst du das Wort vor diesem Konsonanten.

Jä-**g**er

Folgen **mehrere Konsonanten** aufeinander, so wird der letzte auf die neue Zeile geschrieben.

Pil-**z**e   dunk-**l**e

1 Sprich die folgenden Wörter langsam und deutlich und trenne sie alle mit einem Strich.

hell|grün   Bäume   Schnauze   Baumstamm

Wiese   Lichtung   Wildschwein   Keiler

Feuer   Kräuter   Vogel   Gräser

Bienen

Säge   Brennholz   grunzen

Fernglas

Hase   Jäger

bauen   Eule   Hochsitz

Dachsbau   Waldrand   Marder

Regeln zur Worttrennung

→ Wörter mit **doppelten Konsonanten** (Mitlaute) trennst du zwischen diesen.

Spin-ne Was-ser

Da **ck**, **ch** und **sch** als ein Laut gelten, werden sie nicht getrennt.

Schne-**ck**e Ei-**ch**e Bü-**sch**e

Auch **doppelte Vokale** (Selbstlaute) gelten als ein Laut und bleiben daher immer zusammen.

H**aa**-re W**aa**-ge

Wörter mit **st**, **tz**, **sp** oder **pf** in der Mitte werden zwischen diesen Konsonanten getrennt.

Nes-ter Hit-ze Wes-pe klop-fen

Einzelne Buchstaben werden nicht abgetrennt.

Igel

1 Kreise die Wörter ein, die nicht getrennt werden dürfen.
Trenne alle restlichen Wörter mit einem Strich.

Dackel Wes|pen Ratte Esche huschen Sträucher
Frösche Haare Beeren Aale rasten Distel Hecken
Mücken locken Fichte Tanne Wasser Förster Reh
Drossel Frischling Kirschen stapfen Katze Ahorn
Witze Uhu Knospe hetzen hüpfen

2 Schreibe alle Wörter mit **st**, **ck** und **doppelten Konsonanten** aus Aufgabe 1 noch einmal mit einem Trennungsstrich auf.

st: ras-ten, ____________________

ck: ____________________

nn, tt, ss: ____________________

→ Wenn in einem Text etwas **aufgezählt** wird, werden die einzelnen Wörter mit **Kommas** abgetrennt. Aber Achtung: Vor **und** und **oder** steht kein Komma!

Sarah mag Hunde**,** Katzen**,** Hasen **und** Fische.
Magst du lieber Hunde**,** Katzen**,** Hasen **oder** Fische?

1 Ergänze die Kommas, wo es notwendig ist.

Mascha fährt heute mit Mama Papa und Eric zum Tierheim. Sie darf sich einen Hund aussuchen, dem die Familie ein schönes Zuhause bieten möchte. Es gibt hier Schäferhunde Dackel Pudel Labradore und Möpse. Mascha möchte unbedingt den kleinen Rauhaardackel. Er hat ein dunkelbraunes Fell mit hellen Flecken an der Nase Schnauze und an den Füßchen. Mascha möchte ihren neuen Freund Sepp Silas Hanno oder Tapsi nennen. Sie entscheidet sich für Tapsi, weil er so lustig läuft. Maschas Mama besorgt noch eine Leine Hundefutter drei Schüsseln und eine Decke für Tapsis Körbchen.
Später fährt Mascha mit ihrem Papa und dem kleinen Dackel zum Tierarzt. Der Arzt schaut sich Tapsis Zähne Augen und Ohren an und impft ihn.
Ein Hund braucht viel Auslauf Platz und Aufmerksamkeit. Man muss mindestens dreimal am Tag mit ihm spazieren gehen: morgens mittags abends und am besten noch einmal vor dem Schlafengehen. Aber das stört Mascha nicht. Sie freut sich so über Tapsi, dass sie vor Freude singt tanzt lacht und ein Rad schlägt.

Komma zwischen zwei Sätzen

→ Mit **Bindewörtern** kannst du Sätze sinnvoll verbinden. Vor den Bindewörtern **als**, **dass**, **weil**, **wenn**, **während** oder **obwohl** steht ein Komma.

Hanna freut sich**, weil** sie heute Training hat.

1 Unterstreiche die Bindewörter und setze die fehlenden Kommas ein.

Hanna geht zweimal in der Woche zum Badmintontraining, weil ihr die Sportart großen Spaß macht. Ihr Trainer beobachtet, erklärt und gibt Tipps während die Kinder spielen. Nach der letzten Trainingsstunde lobt der Trainer Hanna und sagt dass sie in der 1. Mannschaft spielen darf. Hanna freut sich riesig als sie das erfährt. Auch ihre Eltern sind damit einverstanden wenn sie verspricht, die Schule dadurch nicht zu vernachlässigen. Doch Hannas Schulnoten werden immer besser obwohl sie durch den Sport weniger Zeit zum Lernen hat.

2 Ergänze ein passendes Bindewort und setze die Kommas.

während	wenn	dass	aber	obwohl	~~weil~~	als

Heute fiel der Sportunterricht aus, ___weil___ sich unsere Lehrerin das Bein gebrochen hat.

Ich würde heute gerne ins Schwimmbad gehen ______________ du mich begleitest.

Meine Freundin erzählte mir gestern ______________ sie am Samstag ins Kino geht.

Meine Schwester wollte gerade mit mir Federball spielen ______________ ihr Freund vorbeikam, um sie abzuholen.

Ich darf heute Abend länger aufbleiben ______________ ich morgen Schule habe.

Wir wollten heute ins Kino gehen ______________ der Film läuft nicht mehr.

Ich gehe mit unserem Hund spazieren ______________ mein Bruder ein Buch liest.

Wörtliche Rede

→ Die **wörtliche Rede** steht immer in **Anführungszeichen**.
Steht der Begleitsatz **vor** der wörtlichen Rede, endet er mit einem **Doppelpunkt**.

Ben fragt**:** **„**Anna, darf ich mir dein Skateboard ausleihen?**“**

Steht der Begleitsatz **hinter** der wörtlichen Rede, wird er von ihr mit einem **Komma** abgetrennt. Beim Aussagesatz fällt der Punkt hier jedoch weg.

„Na klar**!“,** ruft Anna. (Ausrufesatz)

„Wie bitte**?“,** fragt Anna. (Fragesatz)

„Ja, gerne**“,** sagt Anna. (Aussagesatz)

Steht der Begleitsatz **zwischen** zwei Teilen einer wörtlichen Rede, wird er durch zwei Kommas abgetrennt.

„Danke**“,** flüstert Ben**, „**das ist sehr nett.**“**

1 Ergänze die fehlenden Satzzeichen im folgenden Text.

Niklas fragt __ __ Mama, darf ich mit Benny Skateboard fahren gehen __ __

__ Ja, aber zieh deinen Helm auf __ __ __ antwortet sie __

__ Na klar __ __ ruft Niklas glücklich __ __ das mache ich doch immer __ __

2 Stelle die Sätze mit der wörtlichen Rede und dem Begleitsatz aus Aufgabe 1 jeweils zweimal um. Achte dabei genau auf die Satzzeichen.

Die vier Fälle des Nomens

→ Je nachdem, wie du **Nomen** (Namenwörter) im Satz verwendest, verändern sie ihre Form. Diese vier verschiedenen Formen eines Nomens nennt man **Fälle**. Durch die folgenden Fragen kannst du herausfinden, in welchem Fall das Nomen jeweils steht.

1. Fall: Der Junge lacht.	Frage: **Wer oder was?**
2. Fall: Die Zähne **des Jungen** sind zu sehen.	Frage: **Wessen?**
3. Fall: Ich erzähle **dem Jungen** einen Witz.	Frage: **Wem?**
4. Fall: Ich mag **den Jungen**.	Frage: **Wen oder was?**

1 Ergänze in jedem Satz den passenden Beruf mit dem bestimmten Artikel. Achte auf den Fall, in dem das Nomen stehen muss. Stelle dann die entsprechende Frage nach diesem Nomen und schreibe sie auf.

~~Bauer~~	Pilot	Bäcker	Tierarzt	Arzt	Schornsteinfeger

Der Bauer erntet die Kartoffeln.

Frage: Wer erntet die Kartoffeln?

Die Kleidung ______________________ ist meistens schwarz.

Frage: ______________________

Wenn deine Katze krank ist, fragst du ______________________ um Rat.

Frage: ______________________

Die Arzthelferin hilft ______________________.

Frage: ______________________

______________ fliegt das Flugzeug.

Frage: ______________________

Der Lieferant bringt ______________________ Mehl.

Frage: ______________________

Verben in der Gegenwart und Vergangenheit

→ Verben (Tunwörter) können in verschiedenen Zeitformen stehen:
Die **Gegenwart** verwendest du, wenn etwas jetzt passiert oder immer so ist.

Sara **tanzt** Hip Hop.

Verben in der **1. Vergangenheit** sagen, dass ein Ereignis schon geschehen ist.
Du verwendest sie vor allem beim Schreiben.

Sara **tanzte** Hip Hop.

Auch die **2. Vergangenheit** sagt dir, dass etwas schon geschehen ist.
Du verwendest sie vor allem beim Sprechen. Sie besteht immer aus zwei Teilen.

Sara **ist** Erste **geworden**. Da **hat** sie sehr **gejubelt**.

1 Kreise die Verben der verschiedenen Zeitformen in den folgenden Farben ein.

Gegenwart
1. Vergangenheit
2. Vergangenheit

Svenja geht montags zum Ballettunterricht.

Während der Klassenfahrt regnete es in Strömen.

Papa ist zu meinem Fußballspiel gekommen.

Fred hat seiner Oma ein Fotobuch gebastelt.

Wir fahren heute zum Bodensee.

Gestern beobachtete ich die Geburt eines Kalbes.

2 Trage alle Verben aus Aufgabe 1 in die Tabelle ein und ergänze die fehlenden Zeitformen.

Gegenwart	1. Vergangenheit	2. Vergangenheit
sie geht	sie ging	sie ist gegangen

Verben in der Zukunft

→ Verben (Tunwörter) in der **Zukunft** verwendest du, wenn etwas zu einem späteren Zeitpunkt geschehen wird. Die Zukunft wird mit **werden** und der **Grundform** des Verbs gebildet.

Wir **werden** das Spiel **gewinnen**.

Du kannst die Zukunft auch mit der Gegenwartsform des Verbs ausdrücken. Dann musst du eine **Zeitangabe** dazuschreiben.

Wir **gewinnen** das Spiel **morgen**.

1 Suche die Sprechblasen, in denen Sätze in der Zukunft stehen und unterstreiche die Verben.

2 Setze die Verben in der Zukunft ein.

Ich ________ den Ball elegant ins Tor ____________ (köpfen).

Der Schiedsrichter ________ den Elfmeter ____________ (pfeifen).

Er ____________ wieder den Pfosten ____________ (treffen).

Sie ______ den Ball geschickt an den Hintermann ________ (abgeben).

Der Tormann ________ jeden Ball ____________ (halten).

Sie ________ mindestens drei Tore ________ (schießen).

Er ________ zu jedem Gegner ________ (rennen).

Die Zuschauer ________ vor Begeisterung ________ (klatschen).

Wir ____________ noch viele Turniere ____________ (spielen).

Wenn ich groß bin, ______________ ich meine

eigene Mannschaft ______________ (trainieren).

3 Schreibe die Sätze in der Zukunftsform auf, indem du Zeitangaben verwendest.

Morgen: Ich werde eine Radtour machen.

Morgen mache ich eine Radtour.

Später: Ich werde zum Gitarrenunterricht gehen.

____

Gleich: Ich werde dir bei den Hausaufgaben helfen.

____

Nächste Woche: Wir werden ins Landschulheim fahren.

____

Verhältniswörter

→ **Verhältniswörter** beschreiben ein Verhältnis oder eine Beziehung zwischen zwei Dingen. Sie machen Angaben zu einem Ort oder einem Zeitpunkt.

Ella steht **vor** dem Tor.
Ella geht kurz **vor** dem Essen los.

Die häufigsten Verhältniswörter sind:
auf hinter in neben unter über vor zwischen

1 Sieh dir das Bild an und ergänze die passenden Verhältniswörter im Text.

~~zwischen~~	~~über~~	~~auf~~	~~vor~~	hinter	~~in~~	~~unter~~	neben

zwischen zwei mächtigen Eichen steht eine alte Villa. Drei schwarze Raben kreisen über dem Dach. in einem der Zimmer brennt Licht. vor dem Eingangstor steht eine klapprige Kutsche. Zwei große schwarze Hengste grasen auf der Wiese hinter der Kutsche. unter der Kutsche sitzt eine schwarze Katze. Sie schaut neben einem der großen Räder hervor.

Verhältniswörter

→ **Verhältniswörter** verschmelzen oft mit dem Artikel (Begleiter), vor dem sie stehen, zu einem Wort. Dabei entstehen verschiedene Kurzformen:

Sie kommt **zu dem** Grundstück.	Sie kommt **zum** Grundstück.
Sie läuft **auf das** Haus zu.	Sie läuft **aufs** Haus zu.

1 Ersetze die Verhältniswörter und die Artikel in den Klammern durch die passenden Kurzformen.

Am (an dem) Eingang der alten Villa bleibt Ella zunächst stehen und schaut sich um. Da sie niemanden sieht, schleicht sie bis __________ (vor das) alte Eisentürchen. Sie hofft, dass die Pferde ruhig bleiben, und streicht ihnen __________ (über das) Fell. Vorsichtig tritt sie __________ (in das) unverschlossene Haus. Sie geht leise bis __________ (zu dem) Kaminzimmer und schaut __________ (durch das) Schlüsselloch. Eine Katze versteckt sich __________ (unter dem) Sofa. Sonst kann sie nichts erkennen. Mutig geht sie __________ (in das) Zimmer.

2 Ergänze die Lücken durch passende Verhältniswörter und Artikel. Schreibe überall, wo es möglich ist, die kurze Form.

Ein Feuer brennt __________ Kamin. Ella setzt sich __________ Sessel. Plötzlich hört sie ein Geräusch __________ Tür. Die Katze springt __________ Fensterbrett. Ella versteckt sich schnell __________ großen Wandschrank und lauscht. Kurz darauf hört sie, wie jemand __________ Raum kommt. Sie hört eine Frau sagen: „Es ist wunderschön hier!" Ein Mann antwortet: „Das wird ein gemütliches Wochenende __________ Villa." Ella sitzt im Wandschrank und überlegt, wie sie aus der verzwickten Lage herauskommt.

Zahlwörter

→ **Zahlwörter** geben eine Anzahl oder eine Menge an.
Bestimmte Zahlwörter geben die genaue Anzahl oder eine bestimmte Stelle in einer Zahlenreihe an.

drei Treffer der **zweite** Platz

Unbestimmte Zahlwörter geben eine ungenaue Anzahl oder Menge an.

einige Tore **wenige** Punkte

Zahlwörter werden kleingeschrieben. Nur wenn du sie als **Nomen** (Namenwort) gebrauchst, schreibst du sie groß.

Nun erreicht auch **der Letzte** das Ziel.

1 Suche alle bestimmten Zahlwörter und umkreise sie orange.

eine etwas ein Viertel nichts vier ein bisschen zehnmal alle
drei die Hälfte einige genug manche mehrere ein paar
mehr viele der Vierte acht wenig der Letzte tausend

2 Ergänze die Lücken mit den folgenden Zahlwörtern.

~~sieben~~ der Erste die Hälfte nichts dreimal viele mehr

Eine Woche hat sieben Tage.

Opa kann ohne seine Brille ______________ lesen.

Ich bin heute ______________ vom Sprungturm gesprungen.

______________ bekommt den Hauptgewinn.

3 ist ______________ von 6.

Im Zoo gibt es ______________ verschiedene Tierarten.

In den Ferien sind ______________ Kinder auf dem Spielplatz als sonst.

→ Bestimmte Wortgruppen bleiben in einem Satz immer zusammen. Du kannst sie im Satz umstellen, ohne dass sich der Sinn des Satzes verändert. Solche Wortgruppen heißen **Satzglieder**. Satzglieder können aus einem oder mehreren Wörtern bestehen.

Ein Fuchs | läuft | über die Wiese.

Über die Wiese | läuft | ein Fuchs.

Läuft | ein Fuchs | über die Wiese?

1 Stelle die Satzglieder der drei Sätze jeweils zweimal um. Schreibe die Sätze auf und trenne die einzelnen Satzglieder durch Striche ab.

Der Baum fällt auf die Erde.

____

____

Das Eichhörnchen vergräbt eine Nuss.

____

____

Der Dachs verschwindet in seinem Bau.

____

____

Subjekt und Prädikat

→ Jeder Aussagesatz besteht aus mindestens zwei Satzgliedern, dem **Subjekt** (Satzgegenstand) und dem **Prädikat** (Satzaussage).

Das **Subjekt** sagt dir, **wer** etwas tut. Frage nach ihm mit: **Wer oder was?**. Das **Prädikat** sagt aus, **was** jemand tut. Nach dem Prädikat fragst du mit: **Was tut jemand?** oder **Was geschieht?**. Es ist immer ein Verb (Tunwort).

Der Frosch hüpft.

Das Subjekt kann aus einem Nomen (Namenwort), mehreren Wörtern oder einem Pronomen (persönliches Fürwort) bestehen.

der Frosch – der kleine Frosch – er

1 Frage nach dem Subjekt und dem Prädikat. Unterstreiche alle Subjekte blau und alle Prädikate orange.

Familie Waldmann fährt heute zum Wörthersee. Die Sonne scheint. Es ist sehr warm. Paul rennt zum Ufer. Dann schwimmt er einige Runden. Der kleine Ben spielt mit seinem Ball. Er geht mit Papa zum Fußballfeld. Opa liegt in der Hängematte. Er liest Zeitung. Mama kauft eine eiskalte Limonade. Dann sucht sie einen Platz im Schatten. Dort liest sie ein Buch.

2 Frage nach den unterstrichenen Satzgliedern.

Paul rennt zum Ufer. Was tut Paul? ____________________

Ben spielt mit Papa Fußball. ____________________

Opa schläft in der Hängematte. ____________________

Er schnarcht ganz schön laut. ____________________

Mama genießt das kalte Getränk. ____________________

Sie liest im Schatten ein Buch. ____________________

Das zweigeteilte Prädikat

→ **Prädikate** (Satzaussagen) können aus zwei Teilen bestehen.

Fritz möchte Walther besuchen.

Er kommt um 15.00 Uhr an.

Tina nimmt die Tasche mit.

1 Unterstreiche alle zweigeteilten Prädikate.

Luna biegt mit dem Fahrrad nach rechts ab. Plötzlich kommt Finn mit dem Skateboard angeflitzt. Luna bremst scharf ab. Finn fällt vor Schreck hin. Luna steigt vom Rad ab und ruft ihm zu: „Hast du dich verletzt?“ Ben schüttelt den Kopf. Luna geht zu ihm hin. Sie reden miteinander und tauschen ihre Adressen aus. Sie möchten morgen zusammen skateboarden. Vielleicht freunden sie sich an. Luna steigt wieder auf ihr Rad und fährt weiter.

2 Ergänze das zweigeteilte Prädikat.

Sascha ______________ sich gut mit Computern ____________ (auskennen).

Papa ______________ sich die Nachrichten im Fernsehen ______ (anschauen).

Finn ______________ sein Skateboard ____________ (mitnehmen).

Um 13.00 Uhr ______________ Oma am Hauptbahnhof ____________ (abfahren).

Lasse ______________ Hundefutter für Coco ____________ (einkaufen).

Mias Hund ______________ sich mit Coco ____________ (anfreunden).

Tanja ______________ sich eine lustige Geschichte ____________ (ausdenken).

Objekte

→ Mit **Objekten** (Satzergänzungen) kannst du Sätze sinnvoll erweitern.
Nach dem **Objekt im 3. Fall** fragst du mit **Wem?**.

Paula hilft **dem Jungen**. **Wem** hilft Paula?

Nach dem **Objekt im 4. Fall** fragst du mit **Wen oder was?**.

Sie erklärt ihm **die Aufgabe**. **Wen oder was** erklärt sie ihm?

1 Frage **Wem?** und unterstreiche die Objekte im 3. Fall.
Schreibe Frage und Antwort auf.

Moritz gibt dem Affen die Banane.

Wem gibt Moritz die Banane? ________ dem Affen

Der Arzt hilft dem Verletzten.

________ ________

Der Knochen gehört dem Hund.

________ ________

Opa schenkt seinem Enkel einen Ball.

________ ________

Onkel Theo dankt dem Verkäufer.

________ ________

Mario gibt dem Ball einen Stoß.

________ ________

Der Lehrer stellt dem Schüler eine Aufgabe.

________ ________

2

Frage **Wen oder was?** und unterstreiche die Objekte im 4. Fall.
Schreibe Frage und Antwort auf.

Der junge Vater wickelt das Baby.

Wen wickelt der junge Vater? — das Baby

Der Cowboy sattelt das Pferd.

________________________________ ____________

Der Dieb klaut die Handtasche.

________________________________ ____________

Der Prinz rettet die Prinzessin.

________________________________ ____________

Tabea streichelt den Hund.

________________________________ ____________

3

Frage **Wem?** oder **Wen oder was?**. Unterstreiche die Objekte im 3. Fall rot und die Objekte im 4. Fall blau.

Ariane sattelt die Haflingerstute Pauline. Sie möchte einen Ausritt machen. Sie trifft ihre Freundin Jana an der großen Eiche. Jedes Mädchen gibt seinem Pferd noch einen Apfel. Die beiden Mädchen reiten in den Wald. Dort entdecken sie plötzlich zwei Rehe. Das kleine Rehkitz folgt seiner Mutter schnell ins Dickicht. Ariane und Jana reiten leise weiter. Denn sie wissen, dass man im Wald die Tiere nicht stören darf. Nach zwei Stunden kehren sie zum Hof zurück. Sie erzählen Arianes Mutter, was sie erlebt haben.

Orts- und Zeitangaben

➔ Satzglieder, die dir sagen, **wo** etwas geschieht, nennt man **Ortsangaben**.
Du erfragst sie mit **Wo?**, **Wohin?** oder **Woher?**.

Die Affen leben **im Dschungel**. **Wo** leben die Affen?

Satzglieder, die dir sagen, **wann** etwas geschieht, nennt man **Zeitangaben**.
Du erfragst sie mit **Wann?**, **Seit wann?** oder **Wie lange?**.

Jane reist **morgen** nach Afrika. **Wann** reist Jane nach Afrika?

1 Unterstreiche die Ortsangaben grün und die Zeitangaben orange.

Jane Goodall – Erforscherin der Schimpansen

Jane Goodall erforscht seit fast 50 Jahren das Verhalten von Schimpansen. Sie kommt aus London. Sie wurde am 3. April 1934 geboren. 1957 reiste sie nach Afrika und beobachtete jahrelang die Schimpansen im Dschungel. Auch heute noch setzt sie sich dafür ein, dass die Affen und alle anderen Tiere geschützt werden.

2 Frage nach den unterstrichenen Satzgliedern aus Aufgabe 1 und ergänze die Tabellen.

	Ortsangaben
Wo?	im Dschungel
Wohin?	nach Afrika
Woher?	aus London

	Zeitangaben
Wann?	am 3. April 1934 auch heute noch 1957
Seit wann?	seit fast 50 Jahren
Wie lange?	jahrelang

Bindewörter

→ Mit **Bindewörtern** kannst du Sätze sinnvoll miteinander verknüpfen.
Bindewörter sind zum Beispiel **und**, **aber**, **dass**, **weil** und **obwohl**.
Vor **und** steht kein Komma.

Emil lacht. Er freut sich. Emil lacht**, weil** er sich freut.

1 Verbinde immer zwei Sätze sinnvoll. Schreibe sie dann mit dem passenden Bindewort auf und achte auf das Komma.

~~und~~	~~obwohl~~	~~dass~~	~~aber~~	~~weil~~	~~während~~

Das Radio läuft.	Er ist krank.
Ich treffe den Polizisten.	Du darfst nicht lachen.
Die Pflanze ist verwelkt.	Sie wird das Spiel gewinnen.
Lena ist sich sicher.	Ich frage ihn nach dem Weg.
Paul muss zum Arzt.	Ich habe sie gegossen.
Ich vertraue dir ein Geheimnis an.	Ich räume mein Zimmer auf.

Das Radio läuft, während ich mein Zimmer aufräume.

Erzählende Texte einordnen

→ Es gibt verschiedene Arten von **Erzählungen**. Betrachte den Text, bevor du mit dem Lesen beginnst. Überlege dir, welche **Textart** vorliegt und worum es in dem Text gehen könnte. Meist geben dir die Überschrift und Bilder oder Fotos schon Hinweise.

1 Welche Überschrift passt zu welcher Textart? Verbinde.

Der lustige Schneidergeselle	**Fabel**
Als ich plötzlich ein Kaninchen war	**Gedicht**
Der Löwe und die Maus	**Fantasiegeschichte**
Im Frühling	**Märchen**
Überraschung auf dem Schulausflug	**Erlebniserzählung**

2 Lies die Überschrift und beantworte die folgenden Fragen.

Mein erster Wettkampf

Welche Textart liegt hier wahrscheinlich vor?

____

Worum könnte es gehen?

____

____

____

Schlüsselwörter unterstreichen

➔ Um einen Text leichter zu verstehen, kannst du **wichtige Textstellen** und **Schlüsselwörter** unterstreichen.
Versuche, **unbekannte Wörter** aus dem Textzusammenhang zu erschließen oder schlage sie im Lexikon oder Wörterbuch nach.

1 Lies den Text und unterstreiche alles grün, was du über Herrn Lander erfährst.
Die Informationen über Frau Kalle unterstreichst du orange.

Herr Lander und Frau Kalle

Letzte Woche haben wir zwei neue Lehrer bekommen, Herrn Lander und Frau Kalle. Herr Lander hat rote, lockige Haare und jede Menge Sommersprossen im Gesicht. Frau Kalle hat langes, blondes Haar, das sie aber meist zu einem Zopf geflochten hat. Wenn Herr Lander ins Klassenzimmer kommt, grinst er oft übers ganze Gesicht. Er unterrichtet uns in Mathe und Sachkunde und kann richtig gut erklären. Frau Kalle haben wir in Sport und Deutsch. Im Sportunterricht turnt sie uns die Übungen immer vor. Das ist toll!

2 Schreibe nun Stichpunkte zu den beiden neuen Lehrern auf.

Herr Lander

rote, lockige Haare

Frau Kalle

Fragen beantworten

→ **W-Fragen** helfen dir, einen Text besser zu verstehen.

Wer? Was? Wann? Wo? Warum?

1 Lies Majas Geschichte. Unterstreiche die Schlüsselstellen, die dir Antworten auf die folgenden Fragen geben. Schreibe dann zu jeder Frage eine kurze Antwort auf.

Das entscheidende Tor

An einem Samstagnachmittag radelte ich am Bolzplatz vorbei. Seitdem wir umgezogen sind, vermisse ich das Fußballspielen sehr. Ich erkannte Paul aus meiner neuen Schule. „Hallo, braucht ihr Verstärkung?", fragte ich ihn. „Nee, lass mal Maja, wir spielen nicht mit Mädchen!", antwortete Paul patzig. „Ich kann aber Fußball spielen", entgegnete ich schüchtern. „Das glaubst du doch selbst nicht!", platzte Paul heraus. Enttäuscht stieg ich wieder auf mein Rad. Da rief Tom aus unserer Parallelklasse: „Lass sie doch mitspielen, uns fehlt doch noch ein Spieler!" Ich freute mich riesig. Es stand gerade 1:0 für die andere Mannschaft. In der letzten Minute schoss ich das entscheidende Tor für uns. Paul war sprachlos.

Wer spielt in der Erzählung mit? ______________________

Wann spielt die Erzählung? ______________________

Wo spielt die Erzählung? ______________________

Was passiert in der Geschichte? ______________________

____

____

____

____

Eigene Meinung bilden

→ Mache dir beim Lesen auch immer eigene Gedanken dazu, wie sich die Personen verhalten. Versuche, dir eine **eigene Meinung** zu **bilden**. Stelle dir dazu die folgenden Fragen: Habe ich das Verhalten der Personen verstanden? Hätte ich genauso gehandelt? Versuche auch, deine **eigene Meinung** zu **begründen**.

1 Beantworte die folgenden Fragen zum Text auf der vorherigen Seite.

Warum verhält sich Paul so Maja gegenüber?

Wie fühlt sich Maja nach dem Gespräch mit Paul?

Wie fühlt sich Maja am Ende der Geschichte?

Was glaubst du, was Paul denkt, als Maja das entscheidende Tor schießt?

2 Deine Meinung ist wichtig! Begründe sie.

Hat dir die Geschichte gefallen oder nicht?

Was würdest du an Pauls Stelle tun? Würdest du genauso denken und handeln?

Erzählende Texte gliedern

➔ Um lange Texte besser zu verstehen, kannst du sie in **sinnvolle Abschnitte** unterteilen. Kennzeichne die Einleitung und den Schluss. Gliedere dann auch den Hauptteil in einzelne Abschnitte.

1 Lies dir die folgende Erlebniserzählung zunächst einmal durch. Lies die Erzählung nun noch einmal und unterteile sie mit einem Stift in vier Abschnitte. Der erste Abschnitt ist schon eingezeichnet.

Jede Woche reiten Marek und ich zur alten, verlassenen Burgruine am Waldrand. Doch bei unserem Ausritt am vergangenen Sonntag wurden wir in Angst und Schrecken versetzt. | Kurz vor unserem Ziel kündigte Marek den Endspurt an. Nur noch einige Meter lagen vor uns. Doch plötzlich bremste mein Pferd Aragorn abrupt ab. Auch Mareks Stute Aisha wurde nervös. „Was ist das für ein unheimliches Geräusch?“, fragte Marek. Wir beruhigten die Pferde und banden sie an einem Holzpfahl fest. Vorsichtig betraten wir die Burg, als ein dunkler Schatten schnell an uns vorbeihuschte. „Wie gruselig“, flüsterte Marek. „Komm“, zischte ich Marek zu, „wir schleichen uns schnell davon.“ Aber immer mehr Schatten näherten sich uns. „Was sollen wir tun?“ Mareks Stimme klang verzweifelt. Ich nahm all meinen Mut zusammen und fragte mit zitternder Stimme: „Ist hier jemand?“ Ein furchterregendes Quietschen ertönte und im nächsten Moment leuchtete mir ein grelles Licht mitten ins Gesicht. Vor Schreck erstarrt, nahm ich eine Männerstimme wahr: „Das gehört jetzt aber nicht zum Drehbuch!“ Der Mann lachte, stellte sich als Regisseur Steffen Spielwald vor und erklärte uns: „Wir drehen hier auf der Burg einen neuen Kinofilm.“ Wir durften dem Filmteam dann im Hintergrund noch einige Zeit bei den Dreharbeiten zusehen. Bevor es dunkel wurde, holten wir die Pferde ab, die brav gewartet hatten, und trabten nach Hause. „Das war toll!“, sagte Marek danach. Da war ich ganz seiner Meinung.

Texte zusammenfassen

➔ Um einen Überblick über den Inhalt eines Textes zu bekommen und ihn leicht nacherzählen zu können, kannst du die einzelnen Abschnitte in eigenen Worten **zusammenfassen**.

1 Du hast den Text auf der vorherigen Seite in Abschnitte gegliedert. Fasse nun zusammen, was in den einzelnen Abschnitten passiert. Unterstreiche zunächst die Schlüsselwörter und schreibe ein bis zwei Sätze zu jedem Abschnitt.

1. Abschnitt: ______________________________

____

2. Abschnitt: ______________________________

____

3. Abschnitt: ______________________________

____

4. Abschnitt: ______________________________

____

2 Finde nun für die beiden Abschnitte des Hauptteils eine passende Überschrift.

1. Abschnitt: Einleitung

2. Abschnitt: ______________________

3. Abschnitt: ______________________

4. Abschnitt: Schluss

3 Denke dir zum Abschluss noch eine passende Überschrift für die gesamte Erzählung aus.

____

Eine Fabel verstehen

→ Unter einer **Fabel** versteht man eine kurze Erzählung, die von Tieren handelt, die sich wie Menschen verhalten. Fabeln werden erzählt, um aus dem Beispiel der Tiere eine **Lehre** für die Menschen zu ziehen.

1 Lies dir die Fabel genau durch.

Die beiden Ziegen

Zwei Ziegen begegneten sich auf einer schmalen Brücke, die über einen tiefen, reißenden Fluss führte. Die eine wollte auf diese Seite, die andere wollte auf die andere Seite des Flusses.

„Geh mir aus dem Weg!“, meckerte die erste Ziege und stapfte zornig mit ihren Hufen. „Du bist gut!“, erwiderte die zweite Ziege wütend. „Geh du doch zurück und lass mich zuerst hinüber! Ich war als Erste auf der Brücke!“ „Was fällt dir ein?“, antwortete die erste Ziege zickig. „Ich bin älter als du und soll zurückgehen? Niemals! Du bist jünger und musst nachgeben!“

Aber beide waren hartnäckig. Keine wollte nachgeben. So spitzte sich der Streit zu. Sie wurden beide so wütend, dass sie mit ihren Hörnern gegeneinander rannten. Durch den heftigen Zusammenstoß verloren beide das Gleichgewicht. Sie stürzten zusammen von der schmalen Brücke in den tiefen, reißenden Fluss und nur mit großer Mühe konnten sie sich ans Ufer retten.

(Nach Albert Ludwig Grimm)

2 Schreibe auf, welche Eigenschaften die beiden Ziegen haben.

Beide Ziegen ______________________________

____

Eine Fabel verstehen

3 Wie fühlen sich die beiden Ziegen während des Gesprächs auf der Brücke? Kreise die Stellen im Text ein und schreibe dann eine Antwort auf.

4 Beide Ziegen wollen nicht nachgeben. Unterstreiche ihre Gründe dafür im Text mit unterschiedlichen Farben. Schreibe die Gründe dann in ganzen Sätzen auf.

Die erste Ziege möchte nicht nachgeben, weil

Die zweite Ziege möchte nicht nachgeben, weil

5 Was glaubst du, wie sich die beiden Ziegen am Ende der Fabel fühlen? Schreibe deine Vermutungen auf.

6 Welche Lehre passt am besten zu dieser Fabel?
Male die entsprechende Aussage an.

Wenn zwei sich streiten, freut sich der Dritte.

Der Klügere gibt nach.

Wer einmal lügt, dem glaubt man nicht.

Wer zuletzt lacht, lacht am besten.

7 Schreibe auf, wie sich die Ziegen besser hätten verhalten können.

Informierende Texte einordnen

→ Ein **Sachtext** informiert dich über Personen, Tiere, Gegenstände oder Vorgänge. Oft geben dir die Überschrift oder Bilder schon Hinweise darauf, um welche Art von Sachtext es sich handelt.

1

Sieh dir die verschiedenen Texte genau an.
Schreibe dann jeweils die richtige Textart darunter.

Lexikonartikel   Fahrplan   Rezept   Zeitungsbericht

Linie 9 Montag bis Freitag	**Rathausplatz – Bahnhof**	
Stunde	**6**	**7**
Rathausplatz ab	30	00 15 30
Amalienstraße	31	01 16 31
Jakobsweg	32	02 17 32
Amselweg	34	04 19 34
Bahnhof an	35	05 20 35

Obstquark
Zutaten für 4 Personen:
1 Kiwi
2 Äpfel
1 Banane
8 Erdbeeren
1 Becher Quark
etwas Milch

Überraschender Sieg des FC Ballstadt
Gestern Nachmittag überrasch-te der FC Ballstadt mit einem klaren 4:0-Sieg gegen den Tabellenführer FC Unterhaus.

Der Koalabär

Der Koalabär lebt in Australien. Er ist ein Beuteltier. Die meiste Zeit verbringt der Koala schlafend auf den Bäumen.

Wichtiges markieren und notieren

→ Du kannst Sachtexte besser verstehen, wenn du **Schlüsselwörter** und **Fachbegriffe** kennzeichnest und **Stichpunkte** notierst. Unterstreiche auch alle dir **unbekannten Wörter** und schlage sie im Lexikon nach.

1 Lies dir das Experiment genau durch und unterstreiche die Dinge, die du dazu brauchst. Umkreise alle Verben.

Der Sandvulkan

Baue einen Berg aus Sand und drücke einen kleinen Joghurtbecher in die Spitze. Fülle dann ein Päckchen Backpulver in den Becher. Vermische anschließend 100 ml Essig und etwas rote Lebensmittelfarbe in einem Glas. Gieße die Essigmischung nun langsam in den Plastikbehälter. Beobachte, was passiert.

2 Notiere in Stichpunkten, was zu tun ist. Achte dabei auf die richtige Reihenfolge.

– einen Sandberg bauen

Fragen formulieren

→ Ein **Bericht** informiert sachlich und genau über etwas, das passiert ist. Er ist kurz und verständlich geschrieben. Gefühle oder Meinungen gehören nicht in einen Bericht. Überlege dir, welche **Fragen** du an den Text stellen kannst. Unterstreiche dann die wichtigsten Textstellen, die dir beim Beantworten der folgenden **W-Fragen** helfen:

Wer? Was? Wann? Wo? Wie? Welche Folgen?

1 Lies die Überschrift des Zeitungsberichtes. Welche Informationen möchtest du erhalten? Schreibe alle weiteren W-Fragen dazu auf.

Flammen auf der Rodeo-Ranch

Gestern Vormittag brach auf der Rodeo-Ranch in Westerhausen ein Feuer aus. Die Brandursache war vermutlich ein Lagerfeuer, das einige Jugendliche in der Nähe der Ranch entfachten. Bei dem Brand hat sich das preisgekrönte Westernpferd Santiago eine kleine Brandwunde am rechten Hinterbein zugezogen. Alle übrigen Pferde konnten rechtzeitig gerettet werden und wurden nicht verletzt.

Was ist passiert?

2 Lies nun den Zeitungsbericht und unterstreiche die Angaben, die dir Antworten auf deine Fragen geben.

Sachtexte gliedern

→ **Gliedere Sachtexte** beim Lesen in **Abschnitte**. Unterstreiche in jedem Abschnitt das wichtigste Wort. Einen guten Überblick bekommst du zusätzlich, wenn du jedem Abschnitt eine Überschrift gibst.

1 Lies den Text und gliedere ihn in weitere Abschnitte. Ordne den Abschnitten jeweils einen passenden Oberbegriff zu. Schreibe die Begriffe in die Kästchen am Rand des Textes.

Tiere in Afrika

In Afrika gibt es viele wilde Tiere. Hier werden einige davon beschrieben. Das Nilpferd ist nicht mit dem Pferd verwandt, sondern mit dem Schwein. Es lebt in Flüssen. Nilpferde können bis zu vier Tonnen schwer werden. Sie fressen Wasserpflanzen, Gräser und Kräuter. Der Gorilla gehört zu der Familie der Menschenaffen. Gorillas leben im Urwald und ernähren sich von Pflanzen. Weil der Urwald, ihr Lebensraum, immer mehr zerstört wird, gehören sie zu den meist gefährdeten Tieren. Das Stachelschwein hat lange, dünne und sehr spitze Stacheln. Sie schützen es vor Gefahren. Eine Verletzung von Stachelschweinstacheln kann sehr schmerzhaft sein.

Einleitung

2 Unterstreiche im zweiten Textabschnitt die Schlüsselwörter.
Schreibe nun mit den Informationen aus diesem Sachtext einen kleinen Steckbrief zum Thema **Das Nilpferd**.

Lebensraum: ______________________

Aussehen / Körperbau: ______________________

Nahrung: ______________________

Eine Wetterkarte lesen

→ Auf einer **Wetterkarte** kannst du erkennen, wie das Wetter an einem bestimmten Tag werden soll. Es gibt verschiedene **Symbole**, die für bestimmte Wetterarten stehen. Durch diese Symbole erkennst du die wichtigsten Informationen auf einen Blick.

1 Schau dir die Wetterkarte genau an. Welche der folgenden Aussagen sind richtig? Kreuze an.

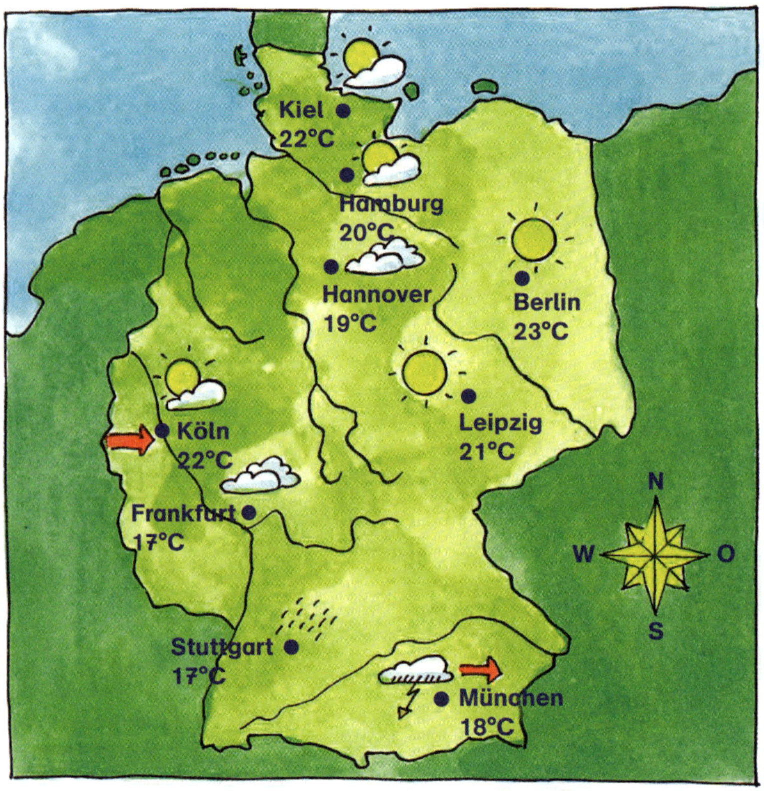

- ☐ Im Osten Deutschlands scheint die Sonne.
- ☐ In Köln kommt der Wind aus dem Osten.
- ☐ In München kommt der Wind aus dem Westen.
- ☐ In Stuttgart scheint die Sonne bei 17°C.
- ☐ In Hamburg ist es leicht bewölkt bei 20°C.
- ☐ In Berlin ist es am wärmsten.

Eine Wetterkarte lesen

2 Lies die Wettervorhersage durch und kreise die Wochentage ein. Unterstreiche dann alle Schlüsselwörter, die dir sagen, wie das Wetter in München in den nächsten Tagen wird.

Die weiteren Aussichten für München:

Am Montag ist es wechselhaft mit Schauern und Gewittern. Die Temperaturen sinken auf 16 Grad. Der Wind kommt aus Südwesten. Auch am Dienstag kommt es immer wieder zu heftigen Regengüssen. Die Temperaturen liegen zwischen 16 und 18 Grad. Der Wind kommt aus dem Süden. Am Mittwoch wird es freundlicher. Dann gibt es einen Mix aus Sonne und Wolken. Die Temperaturen steigen auf 22 Grad. Es weht ein schwacher Wind, der aus Westen kommt. Der Donnerstag wird freundlich mit viel Sonne. Die Temperaturen klettern weiter bis auf 25 Grad. Es weht eine leichte Brise aus Nordwest.

3 Stelle die Wetteraussichten mithilfe der Wettersymbole dar.

Montag

16 °C

Dienstag

Mittwoch

Donnerstag

Aufbau einer Erzählung

→ In einer **Erzählung** schreibst du über ein Erlebnis, das du selbst erlebt oder dir ausgedacht hast. Sie ist immer in mehrere Abschnitte gegliedert.
Zu jeder Erzählung gehört eine **Überschrift**. Sie soll den Leser neugierig machen, aber noch nicht zu viel über den Text verraten.
In der **Einleitung** stellst du kurz die Personen, den Ort und die Zeit vor.
Im **Hauptteil** sollte deine Erzählung immer spannender werden, bis sie ihren Höhepunkt erreicht.
Der **Schluss** sollte kurz sein und die Geschichte abrunden.

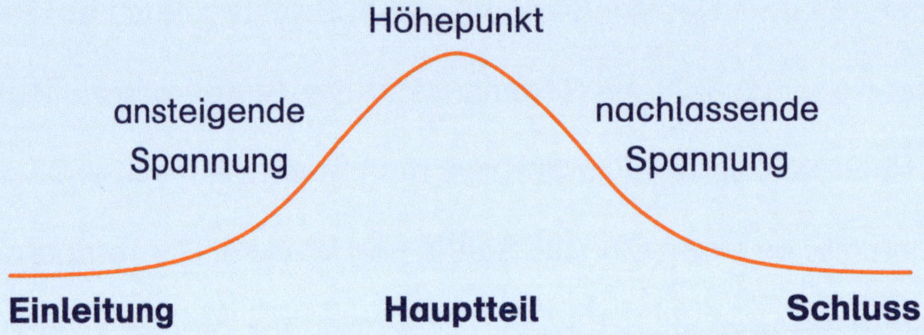

1 Zu welchem Erzählteil gehören die folgenden Textausschnitte? Kreuze an.

	Einleitung	Hauptteil	Schluss
Der kleine Hund sprang mit einem Satz in den Fluss.		X	
Zum Glück war alles nur ein Traum.			
Ich denke immer noch gerne an das Erlebnis, von dem ich euch erzählt habe.			
Ich denke immer noch gerne an das Erlebnis, von dem ich euch jetzt erzählen werde.			
Es war einmal ein stattlicher junger Prinz, der ein junges Mädchen liebte.			
Plötzlich höre ich ein seltsames Geräusch.			
Es war ein herrlicher Tag im August.			
„Sieger!“, prustet Clara und reißt die Arme hoch.			

Ideen sammeln und sortieren

➔ Bevor du mit deiner **Erzählung** beginnst, solltest du dir genau überlegen, worüber du schreiben möchtest. Dabei kann es nützlich sein, eine **Ideensammlung** anzulegen und dir **Stichpunkte** zu notieren.
Mit den folgenden **Fragen** kannst du deine Ideen sortieren:

Wer spielt in der Geschichte mit?
Was könnte passieren?
Wo und **wann** spielt die Geschichte?
Was **fühlen** und **denken** die Personen?

1 Schau dir die folgenden Stichpunkte an.

Lisa, Ferienhaus im Wald, Toilettenhäuschen, Bett, Nacht, Geräusch, Angst, Bruder Tobias, Umhang, Taschenlampe, draußen, Erleichterung, Gestalt

2 Sortiere die Ideensammlung, indem du folgende Fragen beantwortest.

Wer spielt in der Geschichte mit? ______________________

____

Wo und wann spielt die Geschichte? ______________________

____

Was könnte passieren? ______________________

____

____

____

____

Wie fühlt sich Lisa am Höhepunkt der Geschichte?

____

Wie fühlt sich das Mädchen am Ende?

____

Ideen sammeln und sortieren

→ Du kannst deine Ideensammlung auch in einem **Gedankennetz** darstellen. Schreibe das Hauptthema in die Mitte und notiere davon ausgehend weitere Ideen und Einzelheiten.

1 Vervollständige das Gedankennetz mit den folgenden Wörtern. Achte auf die zeitliche Reihenfolge. Schreibe dann die Erzählung in Stichpunkten auf.

Suche nach Ersatz	Bühnenbild planen	großer Applaus
Ersatz gefunden	Aufführung	Anziehen und Schminken

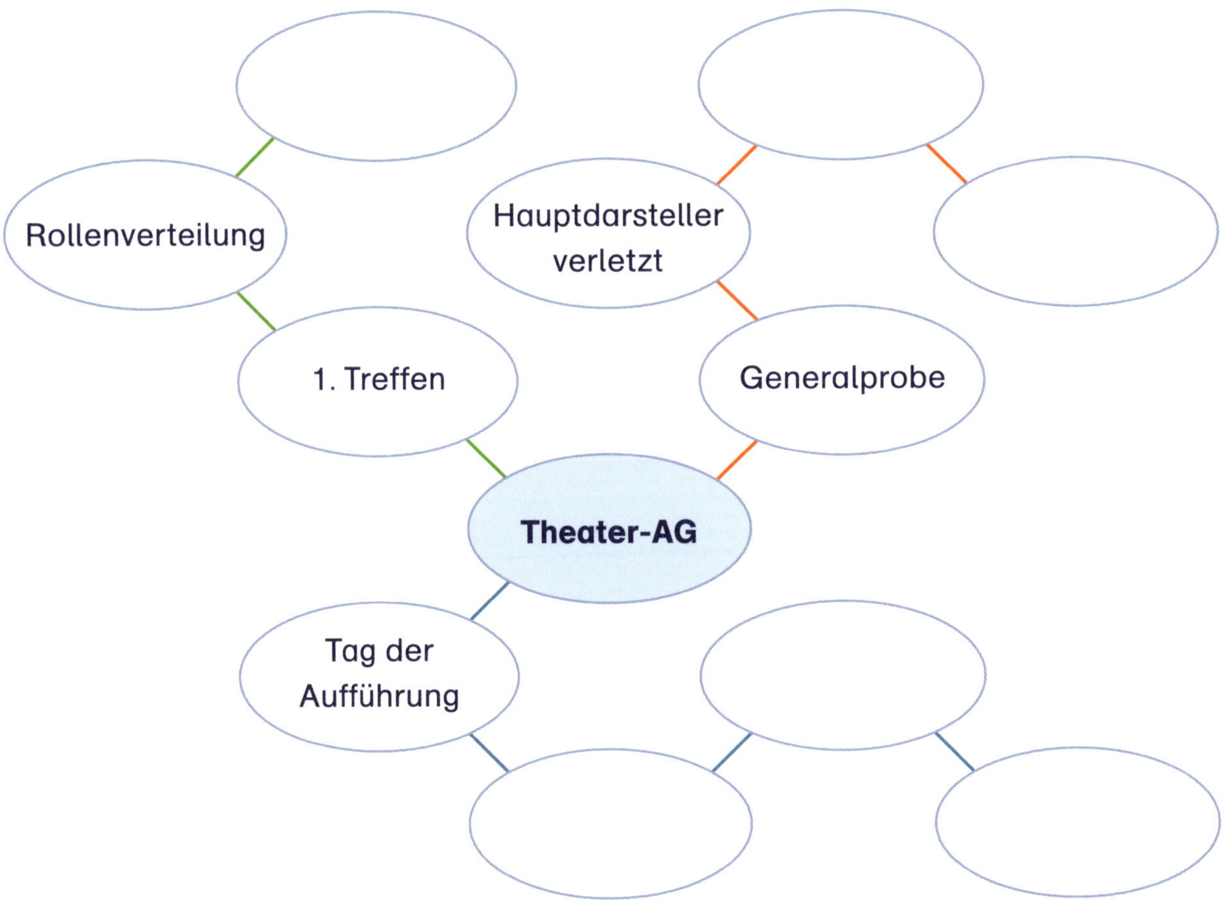

Lebendig schreiben

→ Um deine Geschichte lebendig und spannend zu erzählen, solltest du Folgendes beachten:
Beschreibe, was die Figuren **denken**, **fühlen**, **hören**, **sehen** oder **riechen**.
Vermeide **Wortwiederholungen** und achte auf **verschiedene Satzanfänge**.
Benutze **treffende Adjektive**, **Verben** und **Nomen**.
Baue auch **wörtliche Rede** und **Ausrufe** in deine Erzählung ein.

1 Unterstreiche alle Ausdrücke, mit denen du Angst oder Freude vermitteln kannst, in den entsprechenden Farben.

- Angst
- Freude

„Toll!“
Angstschweiß
furchterregend
eine Gänsehaut kriegen
glücklich
freudestrahlend
herrlich
gruseln
Freudentränen vergießen
„Hilfe!“
starr vor Schreck
„Wundervoll!“

2 Verbinde die Wörter zu sinnvollen Vergleichen.

weiß	wie Stein
rot	wie ein Esel
stur	wie Schnee
	wie Blut
leicht	
hart	wie eine Feder

sehen	wie eine Lerche
singen	wie ein Murmeltier
reden	wie ein Spatz
schlafen	wie ein Adler
essen	wie ein Wasserfall

Den Hauptteil gestalten

→ Im **Hauptteil** führst du deine Erzählung langsam zum **Höhepunkt**. Erzähle lebendig und steigere die Spannung. Schreibe immer nur von einem einzigen Erlebnis und halte die richtige Reihenfolge ein. Nach dem Höhepunkt lässt du die Geschichte ausklingen.

1 Hier sind zwei Erzählungen durcheinandergeraten. Streiche alle Sätze, die **nicht** zum Erlebnis mit dem Lama gehören, sondern zu dem Erlebnis mit dem Affen.

Ein Zoobesuch mit Überraschungen

Gestern Nachmittag besuchten Tabea und ich den Zoo. Als Erstes wollten wir zu den Lamas. ~~Auf dem Weg zu den Seehunden kamen wir am Affengehege vorbei.~~ Eine riesige Menschenmenge drängte sich vor dem Zaun des Lamageheges. „Was gibt's da wohl zu sehen?", fragte ich Tabea. Wir standen vor dem Käfig und schauten den kleinen Affen beim Klettern zu. Wir schlängelten uns geschickt durch die Menge. „Wie niedlich!", rief Tabea. Wir blickten auf ein neugeborenes Lama, das gerade trank. „Wie heißt du denn, du Süßes?", sprach ich das Kleine an. Plötzlich war meine Mütze weg. Das Lamababy hörte auf zu trinken und hob den Kopf. „Tabea", rief ich, „gib mir die Mütze wieder!" Doch Tabea stand nichtsahnend neben mir. Ich drehte mich um. Es blickte mich neugierig an. Dann plötzlich schob es seinen Kopf nach vorne, spitzte die Lippen und im nächsten Augenblick spuckte es mir mitten auf die Stirn. Ein kleiner Junge zeigte in die Baumkrone und rief: „Da oben ist er!" Bevor Tabea und ich begriffen hatten, was das Lama gerade getan hatte, fingen die umstehenden Leute an zu lachen. Als ich nach oben schaute, sah ich einen kleinen Affen, der meine Mütze in den Pfötchen hielt. Wir lachten dann natürlich lauthals mit. Der Kleine war anscheinend ausgebüchst. „Hiermit, liebes kleines Lama", verkündete ich schließlich, „taufe ich dich auf den Namen Spucki." Das war ein wirklich außergewöhnlicher Zoobesuch.

2 Lies die folgende Einleitung und den Schluss. Verfasse dann einen passenden Hauptteil dazu. Versuche, deine Erzählung möglichst lebendig und spannend zu gestalten.

Überraschung aus der Mülltonne

An einem Sonntagmorgen fragte die Mutter ihren Sohn: „Lasse, bringst du bitte den Müll in die Tonne?“ „Ja, mach ich!“ Lasse schnappte sich die Tüte und ging nach unten. Er klappte den Deckel der Tonne auf und traute seinen Augen nicht.

„Lasse, wo warst du denn so lange?“, fragte die Mutter, als Lasse endlich wieder in der Wohnung ankam. Lasse erzählte seiner Mutter, was er inzwischen erlebt hatte.

Erzählperspektive wechseln

→ Du kannst Geschichten aus verschiedenen Sichtweisen erzählen. Eine Geschichte kann sehr unterschiedlich aussehen, je nachdem, wer sie erzählt.

Sara erzählt: „Gestern verlor Hannes beim Kopfsprung vom Startblock seine Badehose. Das war sehr lustig.“

Hannes erzählt: „Gestern ist mir etwas sehr Peinliches passiert. Beim Sprung vom Startblock ist mir meine Hose runtergerutscht.“

1 Lies die folgende Erzählung, die aus der Sicht von Frau Schneider erzählt wird.

Ein kleines Missgeschick

An einem Nachmittag im August war ich zum Geburtstag meiner Freundin Miriam eingeladen. Ich zog meinen neuen Rock an und die dazu passenden Schuhe. Dann richtete ich meine Frisur. Abschließend drehte ich mich vor dem Spiegel und war mit dem Ergebnis sehr zufrieden. Ich schnappte meine Handtasche und machte mich auf den Weg. Gut gelaunt öffnete ich die Eingangstür und trat vors Haus. Im selben Augenblick traf mich ein Wasserstrahl mitten ins Gesicht. Ich war sprachlos. Entsetzt blickte ich an mir herunter. Mein neuer Rock hing wie ein nasser Sack an mir und von meinen Haaren tropfte Wasser und lief mir über das ganze Gesicht. „Oh nein“, rief ich, „wie sehe ich nun aus!“ Paul, unser Nachbarsjunge, stand mit einem Schlauch in der Hand wenige Meter von mir entfernt. Seine Mutter stürzte aus dem Haus und schrie: „Paul, was machst du da? Du solltest die Blumen gießen und nicht Frau Schneider!“ Sie eilte zum Wasserhahn und drehte ihn zu. Mutter und Sohn standen vor mir und starrten mich hilflos an. Zuerst wollte ich schimpfen, weil ich so wütend war. „Entschuldigung“, stammelte Paul mit schuldbewusstem Gesicht, „das war ein Versehen.“ Jetzt konnte ich ihm gar nicht mehr böse sein. Mir wurde die komische Situation bewusst und ich fing an zu lachen.

Erzählperspektive wechseln

2 Wie fühlt sich Frau Schneider, nachdem Paul sie nassgespritzt hat?

3 Was glaubst du, empfindet Paul, als ihm das Missgeschick passiert?

4 Lies die Erzählung auf der vorherigen Seite noch einmal durch und stelle dir vor, du seist Paul. Schreibe die Geschichte aus seiner Sicht in der Ich-Form auf. Versuche möglichst genau zu beschreiben, was er gesehen, getan, empfunden und gedacht hat. Verwende die 1. Vergangenheitsform.

Informationen sammeln und notieren

→ Bevor du einen **Sachtext** schreibst, solltest du dich genau über das Thema informieren und dir **Stichpunkte** notieren. Deine gesammelten Informationen kannst du mithilfe eines **Gedankennetzes** ordnen. Das zentrale Thema schreibst du in die Mitte. Davon ausgehend notierst du dann Unterthemen und wichtige Einzelheiten.

1 Vervollständige das Gedankennetz zum Thema **Der Wombat**. Verwende dazu die folgenden Stichpunkte.

Wälder und Gebirge	Füße mit scharfen Krallen		Australien
	Kräuter und Wurzeln	kleine, runde Ohren	
nachtaktiv	graubraunes Fell	Gräser	gräbt Höhlen

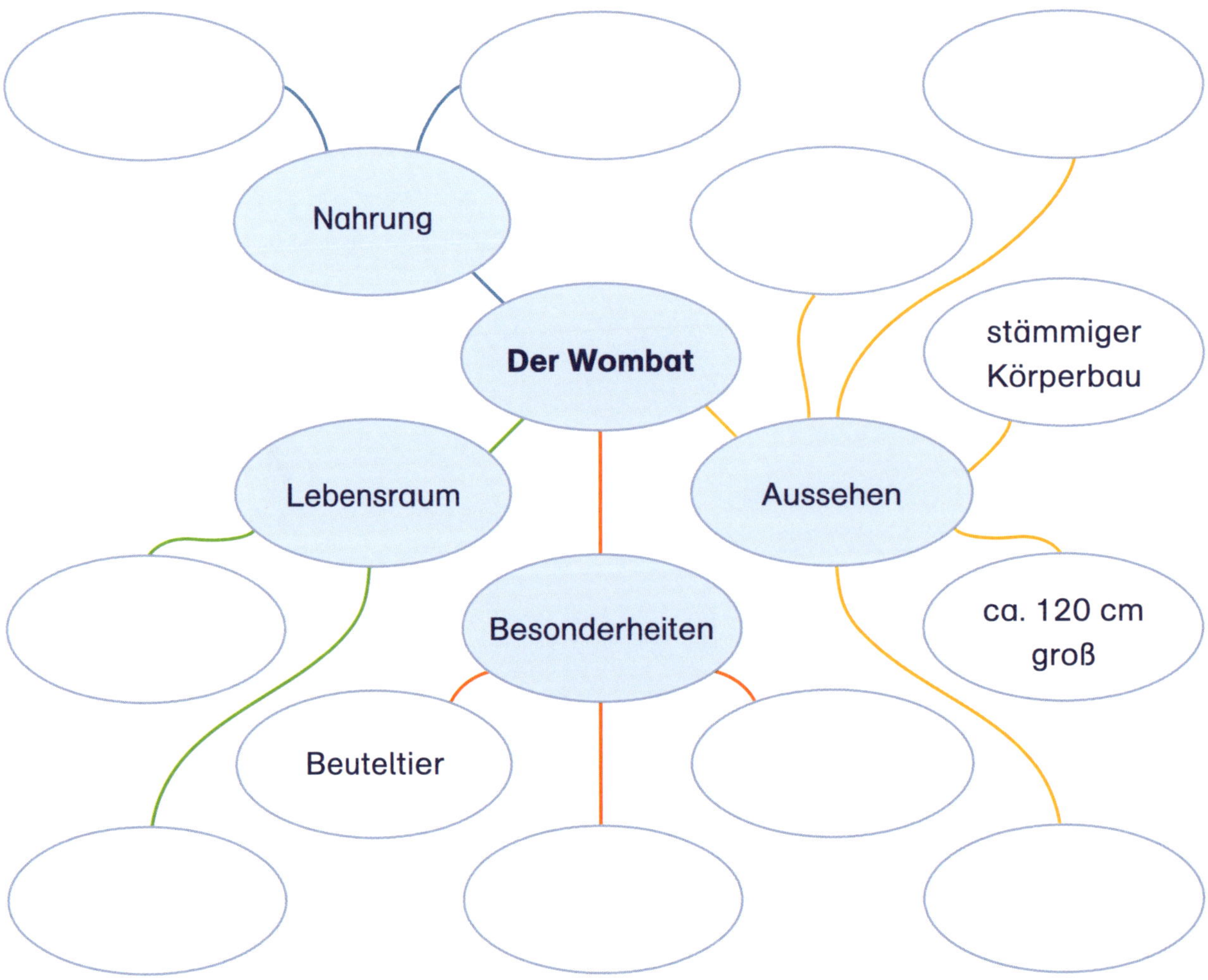

→ Mit einem Sachtext informierst du den Leser kurz und sachlich über alles Wichtige. Gefühle, Meinungen und wörtliche Rede gehören nicht in einen Sachtext. Sachtexte über Tiere sowie Beschreibungen und Anleitungen schreibst du in der Gegenwartsform.

Der Ameisenbär

Der Ameisenbär lebt in Süd- und Mittelamerika. Sein Fell ist struppig und braun. Er hat einen schmalen Kopf und eine sehr lange Schnauze. Das Weibchen bringt ein einzelnes Junges zur Welt. Der Ameisenbär ernährt sich vor allem von Ameisen. Eine Besonderheit ist seine klebrige Zunge, woran die Ameisen einfach hängen bleiben.

1 Schreibe einen eigenen Sachtext über Wombats. Verwende dazu die Stichpunkte aus deinem Gedankennetz auf der vorherigen Seite. Schreibe in der Gegenwartsform.

Der Wombat

In die richtige Reihenfolge bringen

➔ Eine **Anleitung** erklärt genau, welche Arbeitsschritte notwendig sind, um etwas zu basteln, zu bauen oder zu kochen.

Schreibe zuerst auf, welche Materialien du brauchst.
Beschreibe dann Schritt für Schritt, was zu tun ist. Die richtige Reihenfolge ist dabei sehr wichtig. Verwende abwechslungsreiche Satzanfänge und treffende Verben.

1 Nummeriere die Textabschnitte der folgenden Bastelanleitung in der richtigen Reihenfolge.

Eine Panflöte basteln

	Lege die zurechtgeschnittenen Strohhalme anschließend in gleichmäßigem Abstand nebeneinander auf einen langen Klebestreifen.
	Zuerst schneidest du die Strohhalme in unterschiedlichen Längen schräg ab.
1	Du brauchst: 10 dicke Strohhalme, Klebestreifen, Schere
	Zum Musizieren hältst du die Halme an deine Lippen und pustest schräg in die oberen Öffnungen hinein.
	Klebe schließlich einen weiteren Klebestreifen von oben dagegen und drücke die beiden Streifen fest zusammen.
	Die geraden Enden sollen dabei auf gleicher Höhe liegen.
	Lasse dazu den ersten Strohhalm, wie er ist, und kürze die restlichen Halme um jeweils 1 cm.

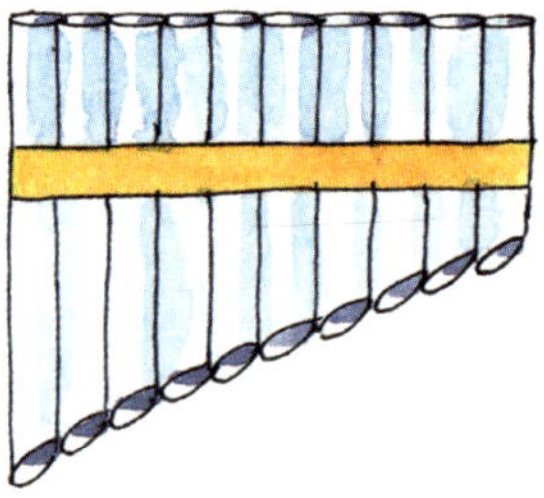

Einen Sachtext überarbeiten

1 Überarbeite die Anleitung zur Herstellung einer Rassel. Ersetze das Verb **machen** an allen Stellen im Text durch die folgenden, treffenderen Verben. Achte auf die richtige Personalform des Verbs.

legen	anrühren	reißen	setzen	verteilen	~~füllen~~	kleben

Wie bastle ich eine Rassel?

Du brauchst: zwei gleichgroße, saubere Joghurtbecher – Reiskörner – Klebeband – Transparentpapier in verschiedenen Farben – Kleister

Zuerst ~~machst~~ füllst du in einen der Joghurtbecher Reis.

Den zweiten Becher machst du anschließend umgekehrt genau auf die Öffnung

des ersten Bechers.

Mache nun die beiden Joghurtbecher mit Klebeband zusammen.

Mache als Nächstes das Transparentpapier in große Schnipsel.

Danach kannst du den Kleister machen.

Die Schnipsel machst du dann mit dem Kleister rund um die Becher.

Zum Schluss machst du die Rassel auf ein Stück Papier und lässt sie trocknen.

Fertig ist dein Musikinstrument!

Einen Vorgang beschreiben

→ In einer **Vorgangsbeschreibung** beschreibst du Schritt für Schritt, was zu tun ist. Beachte unbedingt die richtige Reihenfolge. Verwende abwechslungsreiche Satzanfänge und treffende Verben und schreibe immer in der Gegenwart.

1 Die folgenden Stichpunkte sagen dir, wie du sicher einen Zebrastreifen überquerst. Bringe die Punkte in die richtige Reihenfolge, indem du sie nummerierst.

	zuerst nach links schauen, dann nach rechts
	bei großen Straßen in der Fahrbahnmitte noch einmal nach rechts schauen
1	am Fahrbahnrand stehen bleiben und den Verkehr beobachten
	kommt ein Auto, sicher sein, dass der Fahrer hält
	wenn kein Verkehr kommt oder alle Autos angehalten haben, zügig über die Fahrbahn gehen
	noch einmal nach links schauen

2 Beschreibe diesen Vorgang nun in ganzen Sätzen. Benutze treffende Adjektive und achte auf abwechslungsreiche Satzanfänge.

1. Bleibe zunächst am Fahrbahnrand stehen und beobachte den Verkehr.

2.

Einen Bericht schreiben

→ In einem **Bericht** steht alles Wichtige über ein vergangenes Ereignis. Wenn du darüber berichtest, verwendest du deshalb die 1. Vergangenheitsform.

Achte auf die **richtige Reihenfolge** der Geschehnisse und schreibe **knapp** und **verständlich**. Gefühle und deine persönliche Meinung gehören nicht in den Bericht.

Gib Antworten auf die wichtigsten **W-Fragen**:

1. **Wer** war beteiligt?
2. **Was** ist geschehen?
3. **Wann und wo** ist es geschehen?
4. **Welche Folgen** hatte das Ereignis?

1 Lies den folgenden Zeitungsartikel und streiche alles, was nicht in einen Bericht gehört.

Königsberg – Am Sonntagnachmittag gegen 12.00 Uhr ereignete sich im Skatepark bei Königsberg ein schwerer Unfall. ~~Aber es hätte auch schlimmer kommen können.~~ Der 10-jährige Lukas Stamm kam nach einem Sprung über eine Rampe aus dem Gleichgewicht und stürzte. Er ahnte schon im Flug, dass er sich verletzen würde. Er war sofort bewusstlos. Sein Freund Johannes Ruf alarmierte mit seinem neuen Handy umgehend den Rettungsdienst. Er verwählte sich zunächst, aber beim zweiten Versuch klappte es. Die Rettungssanitäter versorgten den Jungen und brachten ihn anschließend ins Krankenhaus. Danach gönnten sie sich eine Kaffeepause. Lukas erlitt eine schwere Gehirnerschütterung. Doch viele seiner Freunde besuchten ihn im Krankenhaus.

Einen Bericht schreiben

2 Schau dir die folgenden Stichwörter an.

Sturz	rechter Fuß gebrochen	die zehnjährige Birgit Hauter	
Sporthalle des BC Schmetterschlag		Badmintontraining	
Krankenhaus	Sprint zum Netz	letzten Montag	stolpern

3 Sortiere die Stichwörter, indem du die folgenden Fragen beantwortest.

Wo und wann ist der Unfall passiert? ______________________________

____

Wer wurde verletzt? ______________________________

____

Was ist geschehen? ______________________________

____

Welche Verletzungen liegen vor? ______________________________

____

4 Verfasse zu den Stichwörtern nun einen Bericht in ganzen Sätzen.
Schreibe nur das Wichtigste.

____

____

____

____

____

____

Seite 4

1 er beißt – beißen, er gießt – gießen, das Floß – die Flöße, die Gans – die Gänse, das Haus – die Häuser, der Fuß – die Füße, das Glas – die Gläser, der Strauß – die Sträuße, das Gras – die Gräser, süß – süßer / Süßigkeiten, heiß – heißer, der Hals – die Hälse, der Gruß – die Grüße / grüßen

Seite 5

1 Lexikon, Experte, Hexe, Boxer, Praxis, fix, Mixer, Text, Taxi
2 UNTERWEGS, HEXE, LEXIKON, MITTAGS
Lösungswort: TEXT
3 Luchs, Fuchs, Wachs, Büchse, Dachs, Achse, sechs, Eidechse, wechseln, wachsen

Seite 6

1 (f) Verstand, Verein, Verkehr, Versuch, Vater, verkleiden, viel, Vollmond, vierzig, vorsichtig, vielleicht, verletzen, Vogel
(w) Vanille, Vulkan, Vitamine, Video, Villa, Vase, Vampir, Klavier, November, privat, Advent, Lava

Seite 7

1 Jeans, Chaos, Theater, Chance, Detektiv, Turnier, Handy, Skateboard, Hobby, Mountainbike

Seite 8

1 **A**nlegen, **T**ragen, **E**rreichen, **A**bseilen, **S**chmerzen, **S**ichern, **Ü**berprüfen, **E**rklimmen

Seite 9

1 **S**üßes, **S**pannende, **S**chönes, **S**chnellste
2 Der **G**esunde braucht keinen Arzt.
Der **G**roßzügige teilt gerne.
Der **E**hrliche sagt die Wahrheit.

Seite 10

1 Leila hat am Dienstag Fußballtraining.
Mama hat mittwochs (oder: am Mittwoch) Französischunterricht.
Papa geht donnerstags (oder: am Donnerstag) zum Stammtisch.
Marie tanzt am Freitag Ballett.
Die ganze Familie macht am Sonntag einen Ausflug.

Seite 11

1 Bäu|me, Schnau|ze, Baum|stamm, Wie|se, Lich|tung, Wild|schwein, Kei|ler, Feu|er, Kräu|ter, Bie|nen, Vo|gel, Grä|ser, Sä|ge, Brenn|holz, grun|zen, Fern|glas, Ha|se, Jä|ger, bau|en, Eu|le, Hoch|sitz, Dachs|bau, Wald|rand, Mar|der

Seite 12

1 Reh, Uhu, Ahorn
Da|ckel, Rat|te, hu|schen, Sträu|cher, Frö|sche, Haa|re, Bee|ren, Aa|le, ras|ten, Dis|tel, He|cken, Mü|cken, lo|cken, Fich|te, Tan|ne, Was|ser, Förs|ter, Dros|sel, Frisch|ling, Kir|schen, stap|fen, Kat|ze, Wit|ze, Knos|pe, het|zen, hüp|fen
2 **st:** Dis-tel, Förs-ter
ck: Da-ckel, He-cken, Mü-cken, lo-cken
nn, tt, ss: Rat-te, Tan-ne, Was-ser, Dros-sel

Seite 13

1 Mascha fährt heute mit Mama, Papa und Eric zum Tierheim. Sie darf sich einen Hund aussuchen, dem die Familie ein schönes Zuhause bieten möchte. Es gibt hier Schäferhunde, Dackel, Pudel, Labradore und Möpse. Mascha möchte unbedingt den kleinen Rauhaardackel. Er hat ein dunkelbraunes Fell mit hellen Flecken an der Nase, Schnauze und an den Füßchen. Mascha möchte ihren neuen Freund Sepp, Silas, Hanno oder Tapsi nennen. Sie entscheidet sich für Tapsi, weil er so lustig läuft. Maschas Mama besorgt noch eine Leine, Hundefutter, drei Schüsseln und eine Decke für Tapsis Körbchen. Später fährt Mascha mit ihrem Papa und dem kleinen Dackel zum Tierarzt. Der Arzt schaut sich Tapsis Zähne, Augen und Ohren an und impft ihn. Ein Hund braucht viel Auslauf, Platz und Aufmerksamkeit. Man muss mindestens dreimal am Tag mit ihm spazieren gehen: morgens, mittags, abends und am besten noch einmal vor dem Schlafengehen. Aber das stört Mascha nicht. Sie freut sich so über Tapsi, dass sie vor Freude singt, tanzt, lacht und ein Rad schlägt.

Seite 14

1 Hanna geht zweimal in der Woche zum Badmintontraining, weil ihr die Sportart großen Spaß macht. Ihr Trainer beobachtet, erklärt und gibt Tipps, während die Kinder spielen. Nach der letzten Trainingsstunde lobt der Trainer Hanna und sagt, dass sie in der 1. Mannschaft spielen darf. Hanna freut sich riesig, als sie das erfährt. Auch ihre Eltern sind damit einverstanden, wenn sie verspricht, die Schule dadurch nicht zu vernachlässigen. Doch Hannas Schulnoten werden immer besser, obwohl sie durch den Sport weniger Zeit zum Lernen hat.
2 Ich würde heute gerne ins Schwimmbad gehen, wenn du mich begleitest. Meine Freundin erzählte mir gestern, dass sie am Samstag ins Kino geht. Meine Schwester wollte gerade mit mir Federball spielen, als ihr Freund vorbeikam, um sie abzuholen.

Lösungen

Ich darf heute Abend länger aufbleiben, obwohl ich morgen Schule habe. Wir wollten heute ins Kino gehen, aber der Film läuft nicht mehr. Ich gehe mit unserem Hund spazieren, während mein Bruder ein Buch liest.

Seite 15

1 Niklas fragt: „Mama, darf ich mit Benny Skateboard fahren gehen?"
„Ja, aber zieh deinen Helm auf!", antwortet sie.
„Na klar", ruft Niklas glücklich, „das mache ich doch immer!"

2 „Mama, darf ich mit Benny Skateboard fahren gehen?", fragt Niklas.
„Mama", fragt Niklas, „darf ich mit Benny Skateboard fahren gehen?"
Sie antwortet: „Ja, aber zieh deinen Helm auf!"
„Ja", antwortet sie, „aber zieh deinen Helm auf!"
Niklas ruft glücklich: „Na klar, das mache ich doch immer!"
„Na klar, das mache ich doch immer!", ruft Niklas glücklich.

Seite 16

1 des Schornsteinfegers – Wessen Kleidung ist meistens schwarz?, den Tierarzt – Wen fragst du um Rat, wenn deine Katze krank ist?, dem Arzt – Wem hilft die Arzthelferin?, Der Pilot – Wer fliegt das Flugzeug?, dem Bäcker – Wem bringt der Lieferant Mehl?

Seite 17

1 orange: fahren; grün: regnete, beobachtete; blau: ist gekommen, hat gebastelt

2 es regnet, es regnete, es hat geregnet
er kommt, er kam, er ist gekommen
er bastelt, er bastelte, er hat gebastelt
wir fahren, wir fuhren, wir sind gefahren
ich beobachte, ich beobachtete, ich habe beobachtet

Seite 18

1 Ich werde mir ein Trikot kaufen.
Tim wird ihn schon halten.
Dir werde ich es zeigen, Per!
Miro wird wieder köpfen!

Seite 19

2 Ich **werde** den Ball elegant ins Tor **köpfen**. Der Schiedsrichter **wird** den Elfmeter **pfeifen**. Er **wird** wieder den Pfosten **treffen**. Sie **wird** den Ball geschickt an den Hintermann **abgeben**. Der Tormann **wird** jeden Ball **halten**. Sie **wird** mindestens drei Tore **schießen**. Er **wird** zu jedem Gegner **rennen**. Die Zuschauer **werden** vor Begeisterung **klatschen**. Wir **werden** noch viele Turniere **spielen**. Wenn ich groß bin, **werde** ich meine eigene Mannschaft **trainieren**.

3 Ich gehe später zum Gitarrenunterricht. (Oder: Später gehe ich zum Gitarrenunterricht.)
Ich helfe dir gleich bei den Hausaufgaben. (Oder: Gleich helfe ich dir bei den Hausaufgaben.) Wir fahren nächste Woche ins Landschulheim. (Oder: Nächste Woche fahren wir ins Landschulheim.)

Seite 20

1 Zwischen, über, In, Vor, auf, neben, Unter, hinter

Seite 21

1 vors, übers, ins, zum, durchs, unterm, ins

2 im, in den, an der, aufs, im, in den, in der

Seite 22

1 eine, ein Viertel, vier, zehnmal, drei, die Hälfte, der Vierte, acht, der Letzte, tausend

2 nichts, dreimal, Der Erste, die Hälfte, viele, mehr

Seite 23

1 Auf die Erde | fällt | der Baum. Fällt | der Baum | auf die Erde?
Eine Nuss | vergräbt | das Eichhörnchen.
Vergräbt | das Eichhörnchen | eine Nuss?
In seinem Bau | verschwindet | der Dachs.
Verschwindet | der Dachs | in seinem Bau?

Seite 24

1 Die Sonne scheint. Es ist sehr warm. Paul rennt zum Ufer. Dann schwimmt er einige Runden. Der kleine Ben spielt mit seinem Ball. Er geht mit Papa zum Fußballfeld. Opa liegt in der Hängematte. Er liest Zeitung. Mama kauft eine eiskalte Limonade. Dann sucht sie einen Platz im Schatten. Dort liest sie ein Buch.

2 Wer spielt mit Papa Fußball?, Wer schläft in der Hängematte?, Was tut er?, Wer genießt das kalte Getränk?, Was tut sie?

Seite 25

1 Plötzlich kommt Finn mit dem Skateboard angeflitzt. Luna bremst scharf ab. Finn fällt vor Schreck hin. Luna steigt vom Rad ab und ruft ihm zu: „Hast du dich verletzt?" Ben schüttelt den Kopf. Luna geht zu ihm hin. Sie reden miteinander und tauschen ihre Adressen aus. Sie möchten morgen zusammen skateboarden. Vielleicht freunden sie sich an. Luna steigt wieder auf ihr Rad und fährt weiter.

2 Sascha **kennt** sich gut mit Computern **aus**.
Papa **schaut** sich die Nachrichten im Fernsehen **an**.
Finn **nimmt** sein Skateboard **mit**.
Um 13.00 Uhr **fährt** Oma am Hauptbahnhof **ab**.

Lasse **kauft** Hundefutter für Coco **ein**.
Mias Hund **freundet** sich mit Coco **an**.
Tanja **denkt** sich eine lustige Geschichte **aus**.

Seite 26

1 Der Arzt hilft dem Verletzten. Wem hilft der Arzt? dem Verletzten
Der Knochen gehört dem Hund. Wem gehört der Knochen? dem Hund
Opa schenkt seinem Enkel einen Ball. Wem schenkt Opa einen Ball? seinem Enkel
Onkel Theo dankt dem Verkäufer. Wem dankt Onkel Theo? dem Verkäufer
Mario gibt dem Ball einen Stoß. Wem gibt Mario einen Stoß? dem Ball
Der Lehrer stellt dem Schüler eine Aufgabe. Wem stellt der Lehrer eine Aufgabe? dem Schüler

Seite 27

2 Der Cowboy sattelt das Pferd. Wen sattelt der Cowboy? das Pferd
Der Dieb klaut die Handtasche. Was klaut der Dieb? die Handtasche
Der Prinz rettet die Prinzessin. Wen rettet der Prinz? die Prinzessin
Tabea streichelt den Hund. Wen streichelt Tabea? den Hund

3 Objekte im 3. Fall: seinem Pferd, seiner Mutter, Arianes Mutter
Objekte im 4. Fall: einen Ausritt, ihre Freundin Jana, einen Apfel, zwei Rehe, die Tiere

Seite 28

1 Ortsangaben: aus London, nach Afrika, im Dschungel
Zeitangaben: am 3. April 1934, 1957, jahrelang, heute

2 Wo?: im Dschungel
Wohin?: nach Afrika
Woher?: aus London
Wann?: am 3. April 1934, 1957, heute
Wie lange?: jahrelang

Seite 29

1 Ich treffe den Polizisten und frage ihn nach dem Weg. Die Pflanze ist verwelkt, obwohl ich sie gegossen habe. Lena ist sich sicher, dass sie das Spiel gewinnen wird. Paul muss zum Arzt, weil er krank ist. Ich vertraue dir ein Geheimnis an, aber du darfst nicht lachen.

Seite 30

1 Als ich plötzlich ein Kaninchen war: Fantasiegeschichte, Der Löwe und die Maus: Fabel, Im Frühling: Gedicht, Überraschung auf dem Schulausflug: Erlebniserzählung

2 Erlebniserzählung
Es könnte hier zum Beispiel um ein lustiges oder besonderes Erlebnis beim ersten Wettkampf in einer Sportart gehen.

Seite 31

2 **Herr Lander:** Sommersprossen, grinst oft übers ganze Gesicht, Fächer: Mathe und Sachkunde, kann gut erklären
Frau Kalle: langes, blondes Haar, meist zu einem Zopf geflochten, Fächer: Sport und Deutsch, turnt Übungen im Sportunterricht vor

Seite 32

1 Maja, Paul und Tom.
An einem Samstagnachmittag.
Auf dem Bolzplatz.
Maja kommt zum Bolzplatz, aber Paul aus ihrer Klasse will sie nicht mitspielen lassen. Maja ist enttäuscht. Ein anderer Junge, Tom, sagt, dass sie doch mitspielen darf. Maja schießt das entscheidende Tor für ihre Mannschaft. Paul ist sprachlos.

Seite 34

1 (...) Wir beruhigten die Pferde und banden sie an einem Holzpfahl fest. | Vorsichtig betraten wir die Burg, (...) Wir durften dem Filmteam dann im Hintergrund noch einige Zeit bei den Dreharbeiten zusehen. | Bevor es dunkel wurde, holten wir die Pferde ab, die brav gewartet hatten, und trabten nach Hause. (...)

Seite 35

1 1. Abschnitt: Zwei Kinder reiten zu einer verlassenen Burgruine.
2. Abschnitt: Sie nähern sich der Burg. Kurz davor erschrecken die Pferde und die Kinder hören ein seltsames Geräusch.
3. Abschnitt: Die Kinder kommen in die Burg, sehen unheimliche Schatten und haben große Angst. Es stellt sich heraus, dass in der Burg gerade ein Kinofilm gedreht wird.
4. Abschnitt: Die Kinder reiten erleichtert und zufrieden nach Hause.

2 So könnten deine Überschriften für die beiden Abschnitte lauten: 2. Abschnitt: Das Wettrennen zur Burg, 3. Abschnitt: Unheimliches in der Burg

Seite 36

2 Beide Ziegen sind stur und hartnäckig und wollen nicht nachgeben. Sie sind beide rücksichtslos.

Lösungen

Seite 37
3 Die beiden Ziegen sind wütend aufeinander.
4 Die erste Ziege möchte nicht nachgeben, weil sie die Ältere ist. Die zweite Ziege möchte nicht nachgeben, weil sie zuerst auf der Brücke war.
5 Sie ärgern sich über den anderen und auch über sich selbst. Sie stellen vielleicht fest, dass es manchmal besser ist, nachzugeben.
6 Der Klügere gibt nach.
7 Sie hätten miteinander reden können und eine gemeinsame Lösung finden können.

Seite 38
1 1. Reihe: Fahrplan, Rezept
2. Reihe: Zeitungsbericht, Lexikonartikel

Seite 39
1 Du unterstreichst: einen kleinen Joghurtbecher, ein Päckchen Backpulver, 100 ml Essig, rote Lebensmittelfarbe, einem Glas
Du kreist ein: drücke, Fülle, Vermische, Gieße, Beobachte
2 - einen Joghurtbecher in die Spitze drücken
- Backpulver in den Becher füllen
- Essig und Lebensmittelfarbe in einem Glas vermischen
- Essigmischung in den Plastikbehälter gießen
- beobachten, was passiert

Seite 40
1 Wann ist es passiert?, Wer war beteiligt?, Wo ist es passiert?, Wie ist es passiert?, Welche Folgen hatte der Vorfall?
2 Gestern Vormittag, Rodeo-Ranch in Westerhausen, Feuer, Brandursache, Lagerfeuer, einige Jugendliche, preisgekrönte Westernpferd Santiago, kleine Brandwunde am rechten Hinterbein, Alle übrigen Pferde, gerettet, nicht verletzt

Seite 41
1 Das Nilpferd: Das Nilpferd ist nicht mit dem Pferd verwandt (...) Wasserpflanzen, Gräser und Kräuter.
Der Gorilla: Der Gorilla gehört zu der Familie der Menschenaffen (...) zu den meist gefährdeten Tieren.
Das Stachelschwein: Das Stachelschwein hat lange, dünne (...) kann sehr schmerzhaft sein.
2 Diese Schlüsselwörter unterstreichst du:
mit dem Schwein verwandt, lebt in Flüssen, bis zu vier Tonnen schwer, fressen Wasserpflanzen, Gräser und Kräuter
Lebensraum: lebt in Flüssen
Aussehen: bis zu vier Tonnen schwer
Nahrung: Wasserpflanzen, Gräser, Kräuter

Seite 42
1 Richtige Antworten: Im Osten Deutschlands scheint die Sonne. In München kommt der Wind aus dem Westen. In Hamburg ist es leicht bewölkt bei 20°C. In Berlin ist es am wärmsten.

Seite 43
2 Wochentage: Dienstag, Mittwoch, Donnerstag
Schlüsselwörter: Temperaturen, sinken,16 Grad, Wind, aus Südwesten, heftigen Regengüssen, Temperaturen, zwischen 16 und 18 Grad, Wind, aus dem Süden, freundlicher, Mix aus Sonne und Wolken, Temperaturen, steigen, 22 Grad, schwacher Wind, aus Westen, freundlich, viel Sonne, Temperaturen, bis auf 25 Grad, leichte Brise aus Nordwest
3
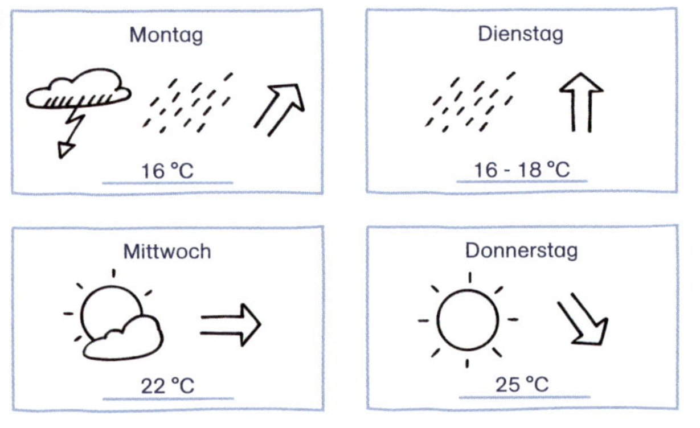

Seite 44
1 **Einleitung:** Ich denke immer noch gerne an das Erlebnis, von dem ich euch jetzt erzählen werde., Es war einmal ein stattlicher junger Prinz, der ein junges Mädchen liebte., Es war ein herrlicher Tag im August. **Hauptteil:** Plötzlich höre ich ein seltsames Geräusch., „Sieger!", prustet Clara und reißt die Arme hoch. **Schluss:** Zum Glück war alles nur ein Traum., Ich denke immer noch gerne an das Erlebnis, von dem ich euch erzählt habe.

Seite 45
2 Lisa, Bruder Tobias; nachts, Ferienhaus im Wald draußen
Lisa geht nachts zum Toilettenhäuschen, hört unheimliche Geräusche und sieht eine furchterregende Gestalt. Sie beleuchtet die Gestalt mit der Taschenlampe und erkennt ihren Bruder Tobias, der in einen Umhang gehüllt ist und im Dunkeln wie ein Gespenst aussieht. Sie ist erleichtert, dass es nur ihr Bruder ist. Dann geht sie zurück in ihr Bett.
Sie fürchtet sich.
Sie ist erleichtert.

Seite 46

1 Theater-AG: → 1. Treffen → Rollenverteilung → Bühnenbild planen → Generalprobe → Hauptdarsteller verletzt → Suche nach Ersatz → Ersatz gefunden → Tag der Aufführung → Anziehen und Schminken → Aufführung → großer Applaus

2 Theater-AG, 1. Treffen, Rollenverteilung, Bühnenbild planen, Generalprobe, Hauptdarsteller verletzt, Suche nach Ersatz, Ersatz gefunden, Tag der Aufführung, Anziehen und Schminken, Aufführung, großer Applaus

Seite 47

1 Angst: Angstschweiß, furchterregend, eine Gänsehaut kriegen, gruseln, „Hilfe!", starr vor Schreck
Freude: „Toll!", glücklich, freudestrahlend, herrlich, Freudentränen vergießen, „Wundervoll!"

2 weiß wie Schnee, rot wie Blut, stur wie ein Esel, leicht wie eine Feder, hart wie Stein
sehen wie ein Adler, singen wie eine Lerche, reden wie ein Wasserfall, schlafen wie ein Murmeltier, essen wie ein Spatz

Seite 48

1 Diese Sätze streichst du: Wir standen vor dem Käfig und schauten den kleinen Affen beim Klettern zu. Plötzlich war meine Mütze weg. „Tabea", rief ich, „gib mir die Mütze wieder!" Doch Tabea stand nichtsahnend neben mir. Ich drehte mich um. Ein kleiner Junge zeigte in die Baumkrone und rief: „Da oben ist er!" Als ich nach oben schaute, sah ich einen kleinen Affen, der meine Mütze in den Pfötchen hielt. Der Kleine war anscheinend ausgebüchst.

Seite 52

2 Nahrung: Kräuter und Wurzeln, Gräser
Aussehen: stämmiger Körperbau, ca. 120 cm groß, kleine, runde Ohren, graubraunes Fell, Füße mit scharfen Krallen
Besonderheiten: Beuteltier, nachtaktiv, gräbt Höhlen
Lebensraum: Australien, Wälder und Gebirge

Seite 53

1 Der Wombat lebt in Australien und hält sich vor allem in Wäldern und Gebirgen auf. Er hat ein graubraunes Fell, einen stämmigen Körperbau und wird ca. 120 cm groß. Seine Ohren sind klein und rund und an seinen Füßen hat er scharfe Krallen. Der Wombat frisst Gräser, Kräuter und Wurzeln. Er ist ein Beuteltier, gräbt Höhlen und ist nachtaktiv.

Seite 54

1 4, 2, 1, 7, 6, 5, 3

Seite 55

1 So setzt du die Verben richtig ein: setzt, Klebe, Reiße, anrühren, verteilst, legst.

Seite 56

1 2, 6, 1, 4, 5, 3

2 2. Schaue zuerst nach links, dann nach rechts. 3. Schaue zur Sicherheit dann noch einmal nach links. 4. Kommt ein Auto, gehe sicher, dass der Fahrer anhält. 5. Wenn kein Verkehr kommt oder alle Autos am Zebrastreifen angehalten haben, gehe zügig über die Fahrbahn. 6. Schaue bei großen Straßen in der Fahrbahnmitte noch einmal nach rechts.

Seite 57

1 Er ahnte schon im Flug, dass er sich verletzen würde., ... mit seinem neuen Handy..., Er verwählte sich zunächst, aber beim zweiten Versuch klappte es., Danach gönnten sie sich eine Kaffeepause., Doch viele seiner Freunde besuchten ihn im Krankenhaus.

Seite 58

3 Letzten Montag beim Badmintontraining in der Sporthalle des BC Schmetterschlag, Birgit Hauter, Birgit Hauter ist beim Sprint zum Netz gestolpert und gestürzt., rechter Fuß gebrochen

4 Letzten Montag beim Badmintontraining in der Sporthalle des BC Schmetterschlag hat sich Birgit Hauter den rechten Fuß gebrochen. Sie ist bei einem Sprint zum Netz gestolpert und gestürzt und musste ins Krankenhaus.

Deine Ausmalseite

Für jede Seite, die du im Heft bearbeitet hast, kannst du hier ein Feld ausmalen!
Wenn dein Bild fertig ist, weißt du alles, was du in der 4. Klasse wissen musst!

Viel Spaß beim Ausmalen!

4–14
15–18
19–22
23–24
25–26
27–30
31–40
41–45
46–56
57–58